KARL
WEIN
GESCHICHTE

Die Geschichte des deutschen Weinbaus,
geschrieben von

KARL, dem Spätlesereiter

Unter freundlicher Mithilfe von

Eberhard und Patrick Kunkel
Text

Michael Apitz
Graphische Gestaltung und Zeichnungen

Eva-Maria Neubert und Simone Stern
Kolorierung

verlag · gmbh

1. Auflage: September 1991
4. Auflage: Dezember 1997

© ak-verlag GmbH · Hauptstraße 65a · D-65396 Walluf
Telefon 0 61 23 / 99 00 70
Telefax 0 61 23 / 99 00 71

ISBN 3-925771-06-9
(Literaturverzeichnis beim Verlag)

INHALT

Kürzlich besuchte Herr Heinrich Heine, ein junger, aufstrebender Dichter aus Düsseldorf, mein Institut für Traubenkunde.

Er wollte alles über unseren Wein wissen und sagte, je mehr man über den guten Wein wisse, desto besser schmecke er. Dies gelte auch für Speisen. Er habe das auf einer Reise durch den Harz gelernt und werde es so aufschreiben, wenn er über diese Reise berichte.

Als Herr Heine dies sagte, dachte ich bei mir, wenn ich nun schon mit der Entdeckung der Spätlese den Geschmack unseres Weines aufs glücklichste veredelt habe, so wäre es doch eine nette Idee, wenn ich allen Weinfreunden die Geschichte des Weines in Deutschland berichtete, auf daß sie mehr über ihn wüßten und er ihnen umso besser schmecke.

So fing ich mit den Römern an; sie brachten die Weinreben mit in ihre germanischen Provinzen.

Ich wollte darstellen, wie sich der Weinbau in Deutschland ausdehnte und wie die Weinkultur sich bis heute entwickelt hat.

Mit der Hilfe Pater Anselms und natürlich Grandpattes schrieb ich alles auf, nahm mein Buch und machte mich auf den weiten Weg nach Weimar ...

Römischer Weinbau in den germanischen Provinzen

egen Ende des letzten Jahrhunderts vor Christi Geburt beginnt die Geschichte des Weinbaus auf dem Gebiete des heutigen Deutschland. Die römischen Feldzüge unter Julius Caesar waren gewissermaßen die Geburtswehen der deutschen Weingeschichte. Nach der Eroberung Galliens (57–51 v. Chr.) drangen die Römer mit dem Ziel in Germanien ein, ihr Herrschaftsgebiet möglichst weit nach Norden hin auszudehnen. Doch die vernichtende Niederlage der römischen Legionen unter ihrem Feldherrn Varus in der sogenannten Schlacht im Teutoburger Wald (9 n. Chr.) – der Ort der Schlacht ist bis heute nicht genau lokalisiert – machte dann alle römischen Pläne zunichte, neben Gallien auch das ganze Siedlungsgebiet der germanischen Stämme unter eine provinzial – römische Verwaltung zu stellen.

Nach vielen blutigen Kämpfen mit widerspenstigen Germanenstämmen begannen die Römer gegen Ende des 1. Jahrhunderts mit der Errichtung des Obergermanisch-rätischen Limes, einer befestigten Grenzanlage. Die Nordgrenze des römischen Reiches in Germanien sollte durch diese Anlage endgültig gesichert werden. Der Limes verband den Rhein und die Donau, die über weite Strecken eine natürliche Grenze des Imperiums bildeten, und sicherte die rechtsrheinischen Gebiete, die unter römischen Einfluß geraten waren.

Diese Gebiete des Germanenlandes wurden zu zwei römischen Provinzen zusammengeschlossen, „Germania inferior" und „Germania superior". Den Sitz ihrer militärischen und zivilen Verwaltung hatten diese Provinzen in Köln und Mainz.

Bis zur Mitte des 3. Jahrhunderts erlebten die germanischen Stämme, die nun Seite an Seite mit den Römern in den neugeschaffenen Provinzen lebten, eine Epoche des Friedens. Die Römer machten nicht den Fehler, den unterworfenen Stämmen mit Gewalt einen neuen Lebensstil aufzwingen zu wollen. Eine Kolonialisierung in unserem neuzeitlichen Sinne fand nicht statt. Es wurde zwar eine neue Rechtsordnung eingeführt, doch damit änderte sich weder das wirtschaftliche noch das geistige Leben der Germanen auf einen Schlag. Vielmehr setzten die Römer auf den Prozeß einer langsamen Romanisierung ihrer neuen Untertanen, und dies mit Erfolg. Mit Bedacht wurden die neuen Provinzen immer stärker an das römische Reich angebunden. Nicht zuletzt zur Versorgung der Truppen entlang des Limes wurden Fernstraßen gebaut, die gemeinsam mit den Flußläufen das Land verkehrstechnisch erschlossen. Mehr und mehr kam die einheimische Bevölkerung nun in Kontakt mit der römischen Wirtschaft, dem ausgedehnten Handel und den technischen Errungenschaften der Römer. Verständlicherweise wurde die römische Lebensart gerne übernommen, da sie den Germanen einen bisher nicht gekannten Luxus brachte.

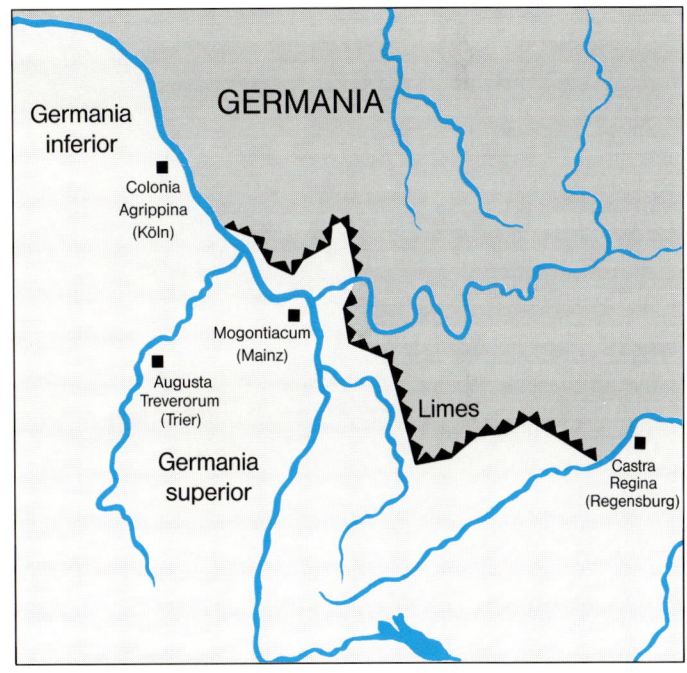

Auch die hochentwickelte Landwirtschaft der Römer kam in die neuen Provinzen und mit ihr der Weinbau. Die Weinkultur, die die Römer den Germanen weitergaben, hatten sie selbst über ihre direkten Nachbarn, die Etrusker, von den Griechen übernommen. Die gesamte römische Weinliteratur basiert auf alten griechischen Fachbüchern, die ins Lateinische übersetzt und von den Autoren durch eigene Erfahrungen ergänzt wurden. Neben Plinius d. Ä. (23–79) ist hier vor allem Lucius Columella zu nennen, ein aus Südspanien stammender römischer Bürger, dessen Lebenszeit in die ersten sieben Jahrzehnte n. Chr. fällt. Seine Abhandlung „De re rustica" (Über die Landwirtschaft), geschrieben um 65, gilt als grundlegendes Agrarlehrbuch für die damalige Zeit und erlaubt uns einen detaillierten Einblick in den Weinbau der Römer, ihr Wissen über den Wein und seine Bereitung. Columella beschreibt ausführlich die einzelnen Arbeitsschritte, die der Weinbau erfordert, und gibt dazu praktische Anweisungen. Sein Werk ist bis in die frühe Neuzeit hinein das wichtigste Lehrbuch für den Weinbau geblieben. In vielen alten Bibliotheksinventaren, die uns aus Klöstern des frühen und des hohen Mittelalters erhalten sind, wird die „De re rustica" aufgeführt.

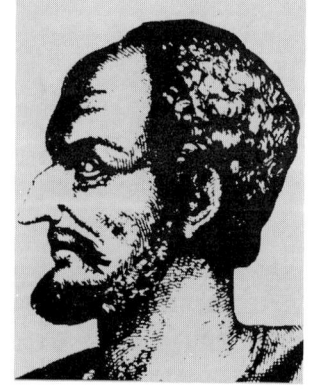

Publius Cornelius Tacitus (55/56–ca. 120 n. Chr.), bedeutender römischer Geschichtsschreiber und anerkannter „Deutschlandexperte". Seine „Germania" ist eine zentrale Quelle zur deutschen Frühgeschichte im 1. Jahrhundert.

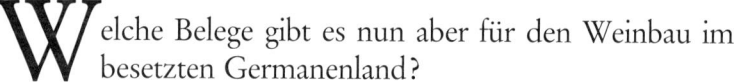

Welche Belege gibt es nun aber für den Weinbau im besetzten Germanenland?
Tacitus' „Germania", die im Jahre 98 erschien, gilt als historisch zuverlässige Schrift über die Germanen und ihren Lebensstil. Sie ist für uns heute eine zentrale Geschichtsquelle zur deutschen Frühgeschichte im 1. Jahrhundert n. Chr. Von Tacitus wissen wir, daß die Germanen ursprünglich als alkoholisches Getränk überwiegend Bier tranken. Im 23. Kapitel schreibt er: „Als Getränk dient ihnen ein Saft, der unter Verwendung von Gerste oder Weizen bereitet und ähnlich wie Wein vergoren ist." Für Tacitus ist dieses Bier der Germanen das Ergebnis des mißglückten Versuchs, Wein herzustellen. Den Met, der den Germanen ebenfalls bekannt war, ein Getränk aus einer vergorenen Mischung aus Honig und Wasser, sowie die von ihnen bereiteten Obstweine aus Äpfeln, Birnen und Schlehen erwähnt er nicht.
Doch dann fährt Tacitus fort: „Die Anwohner des Rhein- oder Donauufers kaufen sich auch *richtigen* Wein." Ob dieser Wein, den sich die Germanen kauften, schon entlang der

Der Limes, ein Wunderwerk römischer Baukunst und Weinkultur.
Leider wurde sein önologischer Wert von den Germanen nicht erkannt.

Donau und des Rheins gewachsen war oder zu diesem Zeitpunkt noch allein auf dem Handelswege in die römisch-germanischen Provinzen gelangte, können wir der „Germania" leider nicht entnehmen. Es ist aber wahrscheinlich, daß bereits zu dieser Zeit in unseren Landen von römischen Siedlern Weinbau betrieben wurde. Als ein indirekter Beleg dafür dient uns die „Lex Domitiana", ein Gesetz Kaiser Domitians, der im Jahre 90 verbot, in den römischen Provinzen weiterhin Wein anzubauen. Mit dieser Maßnahme versuchte der Kaiser, den Weinbau möglichst auf die italienische Halbinsel zu beschränken, um das Weinmonopol dem Herzen des großen römischen Reiches zu sichern. Wenn aber ein Verbot nötig war, muß es in den römischen Provinzen bereits Weinbau gegeben haben. Für die Römer war der Wein das Volksgetränk

schlechthin. Die sicherlich stolzen Preise für die von weither mühsam importierten (= auf Pferdekarren über Pflasterstraßen herbeigerüttelten) Weine werden dazu beigetragen haben, daß man versuchte, den Wein, wenn irgend möglich, an Ort und Stelle anzubauen. Die römischen Soldaten, Beamten und Siedler werden schon bald festgestellt haben, wie günstig die klimatischen Voraussetzungen für den Weinbau im Mosel- und Rheingebiet sind, und die Möglichkeit des Weinbaus genutzt haben. Das Verbot aus Rom wird den Weinfreunden in den entlegenen germanischen Provinzen nicht allzuviel Kopfzerbrechen bereitet haben.

So mag man sich den Weinimport der Römer vorstellen; diese Abbildung stammt zwar aus einer späteren Zeit (Fabeln des Aesop, Übersetzung von Heinrich Steinhöwel, 1489), eine wesentliche Entwicklung fand auf diesem Gebiet jedoch nicht statt. (Württembergische Landesbibliothek, Stuttgart)

Ein weiterer Beleg für den Weinbau der Römer im besetzten Germanien sind zahlreiche archäologische Funde. Es handelt sich dabei um Funde von römischen Weinbaugeräten, insbesondere Rebmessern, dazu Resten von Reben, alten römischen Holzfässern und Ausgrabungen ganzer Kelteranlagen. Eine römische Kelter fand man sogar im Wetterauraum. Sie machen deutlich, daß sich der Weinbau früh entlang der Flüsse und der römischen Handelsstraßen ausgebreitet haben muß. Vor allem im gesamten Moselraum und am Rhein muß der Weinbau schon im 1. Jahrhundert n. Chr. eine feste wirtschaftliche Größe gewesen sein.

Erst Kaiser Probus (276–282) hob das Verbot Kaiser Domitians wieder auf und hat sich damit in der Geschichtsschreibung einen festen Platz als Förderer des Weinbaus gesichert; ihn aber als „Begründer" des deutschen Weinbaus zu feiern, wie es noch im 19. Jahrhundert geschah, führt zu weit. Sein Beschluß war wohl mehr eine verspätete, formelle Reaktion auf eine längst abgeschlossene Entwicklung. Er sah, daß das Weinmonopol des römischen Kernlandes weder wirtschaftlich sinnvoll noch durchsetzbar war, und förderte gezielt den Weinbau im gesamten römischen Imperium. Tragisch ist in diesem Zusammenhang sein Tod; römische Legionäre, die sich gegen einen kaiserlichen Befehl auflehnten, durch den sie zu Arbeiten bei der Neuanlage von Weinbergen in der Provinz Spanien herangezogen werden sollten, erschlugen ihren Kaiser, wie gesagt wird, in einem Weinberg.

Im dritten Jahrhundert begann sich auch das Ende der langen römischen Herrschaft über die germanischen Länder abzuzeichnen. Der Limes konnte den Angriffen germanischer Stämme nicht länger widerstehen.
Seinen Zusammenbruch leiteten die Alamannen ein. Erstmals gelang es ihnen im Jahre 233, den Limes zu überwinden. Mit dem auf breiter Limesfront vorgetragenen Alamanneneinfall zwischen 259 und 260 ging drei Jahrzehnte später ein großes römisches Gebiet auf Dauer an einen germanischen Stamm verloren. Eine unruhige Zeit begann für die germanischen Provinzen; denn dem Beispiel der Alamannen folgten im Niederrheinraum die Franken, die in der zweiten Hälfte des 3. Jahrhunderts als germanischer Stamm in den historischen Quellen belegt sind. Die römischen Legionen schlugen zwar bei manchen Gelegenheiten auch erfolgreich zurück, doch mußten die Römer schließlich den Limes als vorgeschobene Reichsgrenze bis zur Rheinlinie zurücknehmen. Nun kehrten in den den Römern ver-

bliebenen Gebieten links des Rheins wieder friedlichere Zeiten ein, und man kann das 4. Jahrhundert als eine erneute Blütezeit für die römische Kultur und damit auch für den römischen Weinbau bezeichnen.

Mittelpunkt in dieser Blütezeit war Trier, das nach dem Zusammenbruch des Limes eine zentrale Bedeutung erlangte. Schon um 15 v. Chr. wurde Trier, nach dem Germanenstamm der Treverer „Augusta Treverorum" genannt, von Kaiser Augustus gegründet und zum Etappenort für die nach Norden vorrückenden Legionen bestimmt.

Trier wurde von den Römern zur kaiserlichen Residenzstadt ausgebaut und war im 4. Jahrhundert die wichtigste Stadt im Norden des Imperiums, neben Rom und Byzanz die dritte Hauptstadt des römischen Reiches. Mit 70 000 Einwohnern war

Das „Neumagener Weinschiff", wie dieser Teil eines Grabmals genannt wird, den man in den Kastellmauern Neumagens fand, stammt aus dem 3. Jahrhundert. (Landesmuseum, Trier)

Trier größer als jede deutsche Stadt des Mittelalters. Aus Trier stammt nun auch das zweite schriftliche zeitgenössische Zeugnis über die Begegnung der Germanen mit dem Wein, und diesmal enthält es eine direkte Beschreibung des Weinbaus. Der römische Dichter und Gelehrte Decimus Magnus Ausonius, 310 in Bordeaux geboren, lebte lange Jahre in Trier. Er verfaßte dort 371 die „Mosella", die poetische Beschreibung einer Moselfahrt. In diesem Gedicht preist er die Kultur der Rebe.

Geradezu überschwenglich berichtet Ausonius vom Weinbau entlang der Mosel; die hoch aufsteigenden Ufer erweckten den Eindruck eines rebenbepflanzten Theaterraumes. Weiter schreibt er: „Vom Ufer und bis zum höchsten Bergesrücken sind die Hügel mit grünen Reben bepflanzt. Ein arbeitsfrohes Volk und geschäftige Winzer eilen flink bald zum Gipfel, bald dorthin, wo sich der Abhang neigt, und wetteifern mit wilden Jauchzern. Von dort ruft der Wanderer, der unten am Ufer des Weges zieht, von hier der Schiffer im gleitenden Kahn den säumigen Arbeitern tadelnde Worte zu: Es stimmen ein die Felsen, der rauschende Wald und auch der Strom aus der Tiefe."

Ob die Winzer an den Moselhängen ihre Arbeit ebenso idyllisch geschildert hätten, ist zu bezweifeln. Ausonius, könnte man meinen, war als Bürger einer Großstadt geneigt, vornehmlich die idyllischen Seiten des Landlebens zu sehen. Sein Gedicht vermittelt uns dennoch einen guten Eindruck davon, wie umfassend zu dieser Zeit der Weinbau an der Mosel gewesen sein muß und wie sehr er damals schon das Landschaftsbild prägte.

Im 5. Jahrhundert begann die Zeit der sogenannten Völkerwanderung, eine Phase zahlreicher Stammeszüge und Kriege, die das Ende des Weströmischen Reiches und der Römerherrschaft in Deutschland bedeutete.
Bis zu diesem Ende der römischen Herrschaft bildete die Grenze des „Imperium Romanum" gleichzeitig die Begrenzungslinie für die Ausdehnung des Weinbaus in Richtung Norden.

Ein kurzer Ausflug in die Sprachgeschichte soll dieses Kapitel beschließen: Wir können heute die grundlegende Bedeutung des römischen Weinbaus für die deutsche Weingeschichte sehr anschaulich in der Winzersprache nachvollziehen. Die zahlreichen Lehnworte aus dem Lateinischen, teilweise auch aus dem Griechischen, bezeugen die Wurzeln unserer Weinkultur: calcatorium = Kelter, cellarium = Keller, mustum = Most, vinitor = Winzer und vinum = Wein, um nur einige zu nennen.

Karl der Große und der Weinbau im Frankenreich

ie Auflösung des weströmischen Reiches nach Odoakers Tod (493) und die Übernahme der Regierung durch Theoderich und seine Ostgoten bedeuteten das Ende der römischen Herrschaft, nicht aber zugleich das Ende des römischen Einflusses in Deutschland. Der römische Weinbau überstand die Zeit der Völkerwanderung.

An dieser Stelle kann die Chronologie der Völkerwanderungsepoche nicht nachgezeichnet werden, doch gilt es, die zum Verständnis der deutschen Weingeschichte erforderlichen Ereignisse kurz darzustellen.

Im ersten Kapitel wurden die Alamannen bereits erwähnt. Sie haben sich lange Zeit gegenüber den Römern behaupten können und hielten die „agri decumates", das sogenannte Dekumatland zwischen Donau und Rhein, besetzt. Ob sie den römischen Weinbau im Gebiet des heutigen Württemberg und Baden fortgeführt haben, läßt sich nicht belegen; wir können es nur vermuten.

Am Ende der Völkerwanderungszeit mußten sich die Alamannen den Franken geschlagen geben. Im Jahre 496 waren sie den vereinten fränkischen Stämmen in einer entscheidenden Schlacht deutlich unterlegen, denn Chlodwig, dem König des fränkischen Merowingerstammes, so benannt nach einem sagenhaften, früheren Stammesoberhaupt Merowech, war es gelungen, die verschiedenen kleinfränkischen Stämme zu vereinen und somit den Grundstein zu legen zur Bildung des Frankenreiches, das mit seinem merowingischen und karolingischen Königtum die Entwicklung Europas in der Folgezeit entscheidend prägte.

Dieser Grundstein wurde durch zwei Ereignisse fest einzementiert ...
Zum einen besiegte das fränkische Heer unter Chlodwig 486 in der Schlacht bei Soissons (nordöstlich von Paris) das Heer des letzten römischen Heermeisters Syagrius. Mit diesem Sieg beseitigten die Franken den Rest römischer Autorität nördlich der Alpen und eroberten zugleich ein wichtiges Territorium, die Kernlandschaft des heutigen Frankreich.
Zum anderen ließ sich Chlodwig 497 oder 498 durch den Bischof von Reims taufen. Der Frankenkönig entschied sich für die Religion der besiegten Römer, für das römische Christentum, der fränkische Adel und die fränkischen Volksstämme mußten ihm folgen. Bischof Gregor von Tours, der fränkische Geschichtsschreiber, berichtet uns in seiner Frankengeschichte, der „Historia Francorum", Chlodwig habe angesichts einer drohenden Niederlage für den Fall des Sieges dem Christengott seine Bekehrung versprochen. Um verstehen zu können, welche Bedeutung dieser Übertritt Chlodwigs zum römischen Christentum für die Entwicklung des Frankenreiches hatte, muß man sich an einen anderen Übertritt erinnern, den im Jahre 312 der römische Kaiser Konstantin vollzog und der letztlich dazu führte, daß die Römer nicht arianisch, sondern katholisch wurden. Er weist zudem eine deutliche Parallele zum Schritt Chlodwigs auf: Auch Konstantin wandte sich vor einer entscheidenden Schlacht an den Gott der Christen und bat ihn um seine Hilfe. Im Traum, so wird berichtet, habe Kon-

Auch die Franken suchten Schätze in ihren Weinbergen ... Illustration zur Steinhöwelschen Übersetzung der Fabel Aesops vom Schatz im Weinberg; gedruckt um 1477/78 in Augsburg.

stantin ein Kreuz, das Symbol der Christenheit, mit der Umschrift „In hoc signo vinces" (in diesem Zeichen wirst du siegen) gesehen. Kaiser Konstantin gewann die „Schlacht an der Milvischen Brücke". Unter seiner Herrschaft wandte sich das Römische Reich hin zum Christentum. Entschieden förderte Konstantin das Christentum; immer stärker wurde die Kirche an das Reich gebunden, ihre ganze Organisation dem Reiche angegliedert.

Heftige Auseinandersetzungen innerhalb der Kirche veranlaßten den Kaiser, im Jahre 325 die Bischöfe des gesamten Reiches nach Nicäa zu einem ersten allgemeinen Konzil zusammenzurufen.

Der Streit hatte sich an der Frage nach dem Verhältnis zwischen Gott und Christus entzündet. Arius, ein ägyptischer Theologe, lehrte in Alexandrien, Christus sei nur ein Geschöpf Gottes, und deshalb seien Gott und Christus nicht wesensgleich. Theologischer Standpunkt der Christenheit, so entschied aber das Konzil von Nicäa, ist, daß Gott und Christus wesensgleich sind. Die Lehre von der Wesensgleichheit Gottes mit seinem Sohn wurde damit zur Grundlage des christlichen Glaubens erklärt und setzte sich als die katholische Lehre durch.

Die Bevölkerung der römischen Provinzen richtete sich nach dem Konzilsbeschluß, während die Germanen dem arianischen Christentum nahestanden, mit dem sie, bedingt durch die Ereignisse der Völkerwanderung, in Kontakt gekommen waren. Der religiöse Gegensatz verhinderte das Zusammenwachsen der romanischen und germanischen Bevölkerung und wurde für die Ostgoten und Wandalen beispielsweise zum Verhängnis.

Im Frankenreich wurde dieser Graben zwischen den Bevölkerungsteilen mit der Hinwendung der Franken zum römischen Christentum überwunden. Unter Chlodwig entwickelte sich die Kirche zur fränkischen Reichskirche. Der gallo-römische Episkopat, die Bischofsmacht, kooperierte mit der fränkischen Königsmacht und führte so zu ihrer Festigung. Im Jahre 511 rief Chlodwig alle Bischöfe des fränkischen Herrschaftsgebietes nach Orleans zu einem ersten fränkischen Reichskonzil zusammen, um die Strukturen der Kirche zu bestimmen und neu zu organisieren. „Reichskirche" ist ein Rechtsbegriff, der zum Ausdruck bringen soll, daß die Kirche in das Recht des Königreiches aufgenommen wurde. Der König war das weltliche Oberhaupt der Kirche. Er übte den entscheidenden Einfluß bei der Besetzung der Bischofsstühle aus und verpflichtete sich zum Schutz „seiner" Reichskirche. So stellte sich um 500 die politische Situation dar. Das Frankenreich konnte sich konsolidieren, da der Glaube Sieger und Besiegte verband. Die Führungsschicht des fränkischen Adels arrangierte sich mit den Würdenträgern der römischen Kirche.

So läßt sich rekonstruieren, wie das Frankenreich am Ende der Völkerwanderung als politisches Gebilde entstanden ist. Man beobachtet die Ausbildung der herrschaftlichen Strukturen, verfolgt die Übernahme der römisch-christlichen Religion und der kirchlichen Organisation und kann so konstatieren, daß sich auch die römische Kultur vom sinkenden Imperiumsschiff hinüber ins Frankenreich gerettet hat und mit ihr der römisch geprägte Weinbau. Indirekt haben also die Einigung der Frankenstämme und ihr

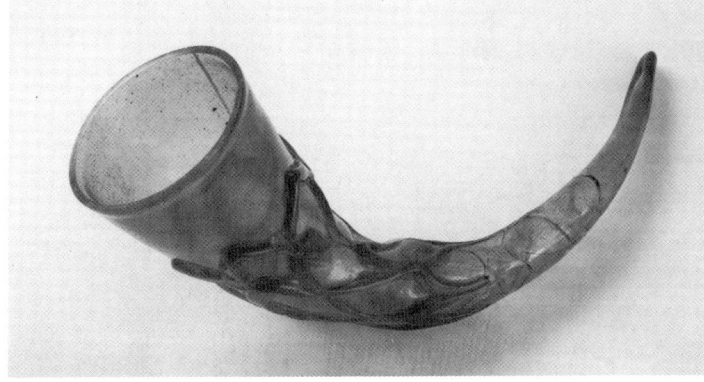

Dieses schöne fränkische Trinkhorn, datiert um 600, bereichert die Sammlung des Römisch-Germanischen Museums in Köln.

Übertritt zum römischen Christentum unter Chlodwig mit der Übernahme der römischen Kultur die Kontinuität des Weinbaus in Deutschland garantiert. Wie weit kann man sich aber der historischen Realität dieser Zeit nähern?

Interessant wäre es doch, genau zu wissen, wie sich das Leben der Menschen, das Zusammenleben von romanisch geprägten Völkern und Germanen im täglichen Leben, im wirtschaftlichen Miteinander entwickelt hat. Bei dem Versuch, eine Geschichte des deutschen Weinbaus zu schreiben oder der deutschen Wirtschaft allgemein, muß man sich aber leider eingestehen, daß dies lückenlos nicht zu leisten ist, da es die Quellenlage nicht zuläßt, ein umfassendes Bild von der Entwicklung und dem jeweiligen Zustand der Wirtschaftslandschaften aufzuzeigen.

Dies gilt für die ganze fränkische Zeit bis ins 9. Jahrhundert hinein.

Die Volksrechtssammlungen der einzelnen germanischen Stämme sind für diese Zeit die zentralen schriftlichen Quellen. Die sogenannten „Leges" (lat.: lex = das Gesetz) vereinten die schriftliche Fixierung der bestehenden Gewohnheitsrechte mit der Setzung von neuem Recht und dienten dem König als Grundlage seiner Regierung. Auch der König war dem Volksrecht unterworfen. Beschreibende Einblicke in das Leben der Menschen bieten uns die Volksrechte zwar nicht, doch überliefern sie uns zumindest die Normen, den gesetzlich vorgegebenen Lebensrahmen für die fränkische Zeit. Die einzelnen Rechtsbestimmungen lassen deutlich die Rücksichtnahme der Franken auf die Weinbaukultur der Römer erkennen; sie zeigen uns den Übergang des Weinbaus von den Römern zu den Germanen, vor allem natürlich zu den Franken, und belegen damit die These der Kontinuität des Weinbaus.

Der Winzer, die Arbeit des Winzers und der Weinbergsbesitz – dies alles spielt in den Volksrechten eine wichtige Rolle.

Die „Lex Salica", das Recht der salischen Franken, ist vermutlich die älteste Sammlung germanischer Stammesrechte. Sie entstand zwischen 507 und 511 in den letzten Regierungsjahren Chlodwigs. Die Strafen für das Töten eines Menschen nehmen in der „Lex Salica" einen großen Raum ein; der Schuldige mußte als Strafe das sogenannte „Wergeld" (lat.: vir = der Mann) zahlen, dessen Höhe sich am gesellschaftlichen Ansehen des jeweiligen Opfers orientierte. Ausdrücklich wird in dem entsprechenden Kapitel des Volksrechts der Winzer genannt und mit einem vergleichsweise hohen Wergeld aufgezeichnet.

Auch die Weinberge werden in der „Lex Salica" hervorgehoben, als bedeutendes Privateigentum aufgeführt und unter einen besonderen Schutz gestellt. Ein eigener Paragraph bestimmt die Bußgelder für Weindiebstahl, d. h. das Lesen eines fremden Weinbergs oder das Stehlen gelesener Trauben.

Im Mittelrheinraum waren die Ripuarier ansässig. Dieser fränkische Stamm erhielt zu Beginn des 7. Jahrhunderts sein eigenes Volksrecht, die „Lex Ribuaria". Die Bestimmungen zum Kauf und Verkauf eines Weinbergs zeigen, daß der Besitz von Weinbergen nichts Außergewöhnliches war und die „vineae" (Weinberge) ein typisches Kaufobjekt darstellten.

Der Weinbau wird in fast allen germanischen „Leges" erwähnt; darüber hinaus stoßen wir auch beim Bohren in Gregor von Tours „Historia Francorum" auf Wein …

König Chilperich (561 – 584), so berichtet uns Bischof Gregor, erließ im ganzen Frankenreich neue und harte Steuern. Er schreibt: „Statutum enim fuerat, ut possessor de propria terra unam anforam vini per aripennem redderit." – „Es war nämlich festgesetzt, daß jeder Besitzer von seinem eigenen Grund und Boden eine Amphora Wein auf jeden halben Morgen gebe." Den Wein hatten die Grundbesitzer demzufolge als Naturalabgabe zu entrichten. Vorsichtige Schätzungen ergaben, daß diese Weinabgabe zwischen 7 % und 20 % der gesamten Weinernte betragen habe, je nach Ertragsmenge.

Ein poetisches Zeugnis für den Weinbau in Deutschland zur Zeit der fränkischen Merowinger liefert uns das Gedicht „De navigio suo" des Venantius Fortunatus (geboren um 536 bei Treviso in Oberitalien), des bedeutendsten vorkarolingischen Dichters. Seine Beschreibung einer Schiffsreise von Metz bis nach Andernach, auf der Mosel und dem Rhein, erinnert an die „Mosella" des Ausonius. „De navigio suo" dürfte zwischen 561 und 575 entstanden sein; denn während dieser Zeit lebte Venantius in Metz. Glauben wir seinen Versen, so scheint sich der Weinbau entlang der Mosel und des Rheins immer weiter ausgedehnt zu haben. Venantius schreibt von rötlich schimmernden Reben; umstritten ist allerdings, ob es sich hierbei um einen Beweis für überwiegenden Rotweinanbau handelt.

Bildnis Karls des Großen in der Kirche St. Johann in Mustair. Karl der Große schuf mit dem Ausbau der karolingischen Wirtschaft die Grundlage für die Weinwirtschaft im Mittelalter und in der Neuzeit. (Bildarchiv Foto Marburg)

Den Merowingern folgten auf dem fränkischen Königsthron die Karolinger, die sich im Verlauf langanhaltender innerfränkischer Machtkämpfe durchgesetzt hatten. Erster karolingischer König wurde im Jahre 751 Pippin I., der Sohn Karl Martells, der durch seinen Sieg über die Araber in der Schlacht bei Tours und Poitiers (732) bekannt wurde. Pippin versicherte sich der Unterstützung durch den Papst. Papst Stephan II. (752–757) salbte Pippin und begründete mit diesem Schritt die religiöse Königsweihe, die von nun an allen fränkischen Königen und nach der Teilung des Frankenreiches sowohl den französischen als auch den deutschen Königen zuteil wurde. Gleichzeitig ernannte der Papst den Frankenkönig vor dem Hintergrund eines politischen Konfliktes, bei dem ihm der Karolinger zur Seite stand, zum „Patricius Romanorum", zum Schutzherrn der Römer.

Das merowingische Reich war in der Zeit nach Chlodwig in kleinere fränkische Königtümer zerfallen. Pippin I. begann mit dem Wiederaufbau des großen Frankenreiches. Sein Sohn Karl der Große, König seit 768 und im Jahre 800 von Papst Leo III. zum Kaiser gekrönt, vollendete die politische Konsolidierung und dehnte darüber hinaus die fränkische Herrschaft weit nach Osten aus, bis an die Elbe, nach Böhmen und nach Ungarn. Er schuf ein bedeutendes Reich. Es vereinte römische, germanische und christliche Elemente und war in seiner Struktur wegweisend für das gesamte deutsche Kaisertum. Die Ostexpansion dieses Reiches bildete die Grundlage

Prämierung der Weine und Straußverleihung durch
Karl den Großen im Jahre 809.

für das spätere Deutschland. Aachen wurde zum neuen Mittelpunkt des fränkischen Reiches.

Diese machtvolle Herrschaftsbildung war zugleich die Voraussetzung für den Ausbau der karolingischen Wirtschaft, die sich auf die Agrarwirtschaft stützte. Auch der Weinbau erfuhr nun seine entscheidende Ausdehnung in der fränkischen Zeit. Das karolingische Zeitalter legte die Grundlage für die Weinwirtschaft im Mittelalter und in der Neuzeit. Im 7. Jahrhundert hatte auf dem Land ein starkes Bevölkerungswachstum eingesetzt. In der Karolingerzeit sind zahlreiche Siedlungen gegründet worden, ein deutliches Merkmal für die immer stärker zunehmende Landwirtschaft.

Die Ausweitung der Agrarflächen machte eine intensivere Wirtschaftsorganisation und -verwaltung notwendig. Von besonderer Bedeutung für die Landwirtschaft und damit auch für den Weinbau war dabei die Grundherrschaft, die aus der Kolonenwirtschaft entstand:

Im ersten Jahrhundert nach Christus war im römischen Reich eine neue Form der Wirtschaftweise entstanden, die Kolonenwirtschaft. Die Gutsbesitzer verwalteten ihr Land nicht länger selbst. Einige setzten für diese Arbeit Gutsverwalter ein, andere verkauften oder verpachteten ihr Land, in Parzellen aufgeteilt, an Siedler („coloni"). Auch das Hinterland der großen Legionslager im Rheingebiet hatte sich zu einem Siedlungsgebiet entwickelt; viele Veteranen siedelten sich hier an, so daß es vor allem entlang des Limes zu einer starken Siedlungs- und Wirtschaftsentwicklung kam, der Grundlage des römischen Weinbaus in den Provinzen. Neben der römischen Sklavenwirtschaft breitete sich dort die Kolonenwirtschaft mehr und mehr aus. Diese Organisation der Wirtschaft setzt sich in der mittelalterlichen Grundherrschaft fort.

Aus dem Jahre 1023 stammt diese Darstellung von Rodungsarbeiten im Weinberg; aus der Enzyklopädie des Rhabanus Maurus. (Bassermann-Jordan: Geschichte des Weinbaus. 1923)

Grundherrschaft bedeutet einerseits die Herrschaft eines Besitzers über seinen Grund und Boden und andererseits die Herrschaft dieses Grundherren über die Menschen, die auf seinem Grund und Boden arbeiten, den sogenannten Grundholden und Grundbauern. Als Grundherrschaft bezeichnet man das rechtliche Verhältnis zwischen dem Grundherren und seinen Grundholden. Grundherren und Grundbauern hatten wechselseitige Pflichten und Rechte: Der Grundherr mußte die von ihm abhängigen Bauern schützen, und diese waren ihm zur Treue verpflichtet. Einige Jahrhunderte später, im „Schwabenspiegel", einem Rechtsbuch des Jahres 1274/75, wird dieses Verhältnis der Grundherren zu ihren Grundbauern sehr treffend geschildert:
„Wir suln den herren dar umbe dienen, daz si uns beschirmen. Unde beschirment si uns nit, so sin wir in nit dienestes schuldig na rehte."
Die unterschiedlichen Spielarten einer Grundherrschaft aufzuzeigen, mit den verschiedenen Möglichkeiten der Landvergabe, den einzelnen Abhängigkeitsgraden der Grundholden, je nach ihrem sozialen Rang, dies führte an dieser Stelle zu weit. Festzuhalten ist die Bedeutung der Grundherrschaft als wirtschaftlicher Grundlage für das Herrschafts- und Sozialgefüge der mittelalterlichen Gesellschaft. Die wichtigsten Grundherren waren die Könige, die königlichen Amtsleute und die Kirche. Das fränkische Königtum verfügte über einen

Diese Rekonstruktionszeichnung der fränkisch-karolingischen Pfalz in Ingelheim am Rhein stützt sich auf die Ergebnisse archäologischer Untersuchungen.
Pfalzen waren befestigte Königshöfe. Die fränkischen Könige regierten ihr Reich nicht von einer festen Residenz aus, sondern zogen mit ihrem ganzen Gefolge von Pfalz zu Pfalz.
(Jakobi/Rauch: Ausgrabungen in der Königspfalz Ingelheim 1909–1914. Verlag des Römisch-Germanischen Zentralmuseums. Mainz)

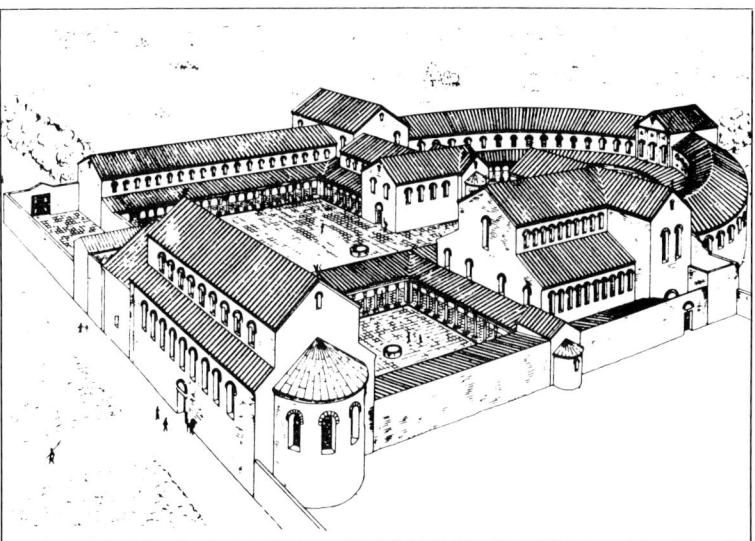

ausgedehnten Grundbesitz, nicht zuletzt durch seine Eroberungen. Gefolgsleute und Amtsträger des Königs wurden mit Grundbesitz aus dem königlichen Reichsgut ausgestattet. Das unmittelbar dem König unterstehende Reichsgut wurde grundherrschaftlich bewirtschaftet.

Wir wissen, daß sich Karl der Große sehr intensiv um die Verwaltung seines Reichsgutes gekümmert hat. Seine königlichen Verordnungen, die Kapitularien, enthielten genaue Anordnungen zur Bewirtschaftung der einzelnen Königshöfe im fränkischen Reich, den „villae". Gezielt zeigen einzelne Bestimmungen in den Kapitularien die Reaktion des Königs auch auf bestehende Mißstände.

Gerade der Weinbau als außerordentlich arbeitsintensive Sonderkultur innerhalb der Landwirtschaft erforderte die besondere Aufmerksamkeit der Grundherren. Das „Capitulare de villis", eine Kapitularverordnung Karls des Großen aus dem Jahre 795, bildet die Grundlage zur Erforschung der karolingischen Wirtschaft.

Dem Weinbau wird von königlicher Seite große Bedeutung beigemessen:

Es finden sich Anweisungen zur Neuanlage von Weinbergen mit Reben aus eigener Züchtung, zum Bau von Kelteranlagen auf den Landgütern und in diesem Zusammenhang auch das Verbot, die gelesenen Trauben mit bloßen Füßen zu mosten. Sollten dies erste Ansätze zur Geschmacksverbesserung der Weine sein?!

Wenn heute Weinfreunde in einer Straußwirtschaft beim Wein zusammen sitzen, dann müßten sie auch des großen Kaisers Karl gedenken, dem sie dieses Vergnügen zu verdanken haben:

In einem Kapitel des „Capitulare de villis" ordnete Karl der Große an, auf jedem seiner Weingüter mindestens drei Weinwirtschaften einzurichten, in denen der eigene Wein ausgeschenkt werden solle; der gute Wein allerdings, so wurde festgelegt, sollte der königlichen Hofhaltung vorbehalten bleiben – hier ging Karl der Große auf Nummer sicher. Es ist von „coronae de racemis", von Kränzen aus Weintrauben, die Rede, die das Kennzeichen der Weinschenken sein sollten. Diese Deutung vom herausgehängten Kranz oder Strauß ist allerdings etwas umstritten. „Es wird sich bei den ‚coronae de racemis' um Reifen gehandelt haben, an denen die für den königlichen Tisch zu liefernden Trauben aufgehangen wurden", mutmaßt beispielsweise der Historiker Gareis (1895).

Strauß/Kranz oder nicht Strauß/Kranz, das ist hier aber nicht die Frage. Entscheidend ist vielmehr die Tatsache, daß Karl der Große die Ausschankstellen einrichten ließ und damit schon früh eine besondere Form der Weinvermarktung eingeführt hat.

Besucher von Strauß-, Buschen-, Hecken-, Besen-, oder wie auch immer die Weinwirtschaften in den einzelnen Weinregionen genannt werden, in denen der Winzer Gästen seinen eigenen Wein anbietet, dürfen Karl den Großen als wichtigen Förderer des Weinbaus in Deutschland feiern.

Nachträglich sehr zum Wohl, Kaiser Karl!

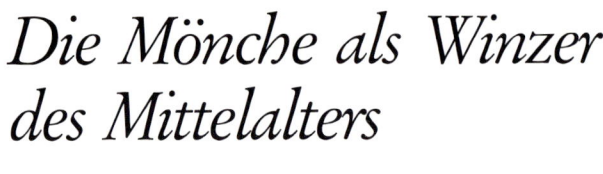

Die Mönche als Winzer des Mittelalters

ine Kerze erhellt die Szenerie mit ihrem flackernden Licht, dicht an dicht stehen die Fässer im Weinkeller, ein Mönch sucht Halt an einem soeben wieder aufgefüllten Weinglas, die Kutte spannt sich über seinem Bauch, mit weinbeseeltem Blick schaut er in die Ferne ... Diese Mönche waren ja alle wandelnde Weinschläuche, möchte man meinen, wenn man sich die üblichen Darstellungen auf Bildern, Stichen und Faßböden ansieht. Abgebildet auch auf zahllosen Weinetiketten, als Randillustration in Weinbüchern, beschrieben und besungen in Weingedichten und -liedern: der Mönch als Inbegriff des zügellosen Weingenusses.

Ein Blick in die Geschichte des Mönchtums korrigiert dieses Bild: Das frühe Mönchtum entwickelte sich in Ägypten, Syrien und Kleinasien. Die strengen Gebote der Askese schlossen den Weinverzicht ausdrücklich ein.

Auf dem ersten abendländischen Kirchenkonzil in Nicäa (325) wurde den Mönchen erstmals das Weintrinken gestattet. In den Regeln des Kirchenvaters Augustinus (354–430), die später zur Regel des Augustinerordens ausgeformt wurden, wird den Mönchen, die es gewohnt waren, Wein zu trinken, der Weingenuß für den Samstag und den Sonntag zugestanden.

26

Mit Benedikt von Nursia (480–543) kommt die Entwicklung des abendländischen Mönchtums zu einem ersten Abschluß. Benedikt prägte mit der Gründung des Benediktinerordens im Jahre 529 die Gestalt des abendländischen Mönchtums, das sich bis heute auf seine Mönchsregel, die „Regula Benedicti", stützt. Er forderte keine übertriebene Askese. Bei ihm hatte die kompromißlose Hingabe des

Dieser Stich von Emil Ritterhaus ziert ein Gedicht, das die Trinkfestigkeit der Eberbacher Mönche und die Fähigkeiten ihrer Weinzungen preist. (Hessische Staatsweingüter, Eltville am Rhein)

Mönchs an Gott Vorrang vor der Askese. Er wünschte sich ein in Maßen asketisches Verhalten seiner Mönche. Im 40. Kapitel der „Regula Benedicti" finden sich die Bestimmungen zum Weingenuß. Benedikt billigt seinen Mönchen eine „Hemina" (röm. Maß = 0,27 l) als Tagesquantum zu, bei heißem Wetter auch etwas mehr. Daraus ergibt sich, daß er den Wein auch als ein Getränk zum Löschen des Durstes ansah. Zugleich macht er aber unmißverständlich klar, daß das Trinken von Wein eigentlich nicht so ganz zu den Idealen des mönchischen Lebens passe. Die Abstinenz solle das Ziel eines jeden Mönchs sein.

Die Bedeutung der Kirche wuchs und mit ihr die Bedeutung ihrer Klöster.
Wie aber wurden die maßvollen Mönche zu den Förderern der Weinkultur im Mittelalter?
Nach der Hinwendung Chlodwigs zum römischen Christentum entwickelte sich die Kirche zum entscheidenden Machtpfeiler des fränkischen Königreiches, im vorhergehenden Kapitel wurde dies ja bereits angesprochen.
Die Kirche und ihre Organisation wurden eingebunden in den Prozeß der fränkischen Reichsbildung. Nach der religiösen Weihe Pippins durch den Papst und der damit verbundenen

Bestätigung des Königs als des weltlichen Oberhauptes der Christenheit wuchsen Staat und Kirche zu einem Organismus zusammen. Der König erreichte die volle Verfügungsgewalt über „seine" Kirche. Eine Trennung von Staats- und Kirchengeschäften gab es nicht, im Gegenteil, ganz bewußt wurden den Bischöfen vom König weltliche Herrschaftsrechte übertragen, so daß sie nicht nur kirchliche, sondern zugleich weltliche Herren waren, fest an das Königtum gebunden.

So erhielten die Bischöfe Macht. Es wurde für den König interessant, sich durch Schenkungen ihrer Gunst zu versichern. Bischof zu sein wurde immer lukrativer: Die Überhäufung der Bischöfe in den einzelnen Bistümern mit umfangreichen Güterschenkungen aus dem Reichsgut und mit königlichen Privilegien wandelte den Bischofssitz um in die letzte Sprosse der Karriereleiter des fränkischen Königreiches.

Die Umwandlung der Bischöfe in weltliche Herren führte vornehmlich dazu, daß sich auch die Rolle der Klöster im Verlauf des 6. und 7. Jahrhunderts veränderte.

Je stärker die Bischöfe zu weltlichen Herren wurden, desto mehr mußten die Mönche in ihren Klöstern deren seelsorgerische Aufgaben übernehmen. Dazu mußten sie aus ihrer klösterlichen Abgeschiedenheit heraustreten und hinnehmen, daß Klostertür und Klostertor weltlichen Einflüssen geöffnet wurden.

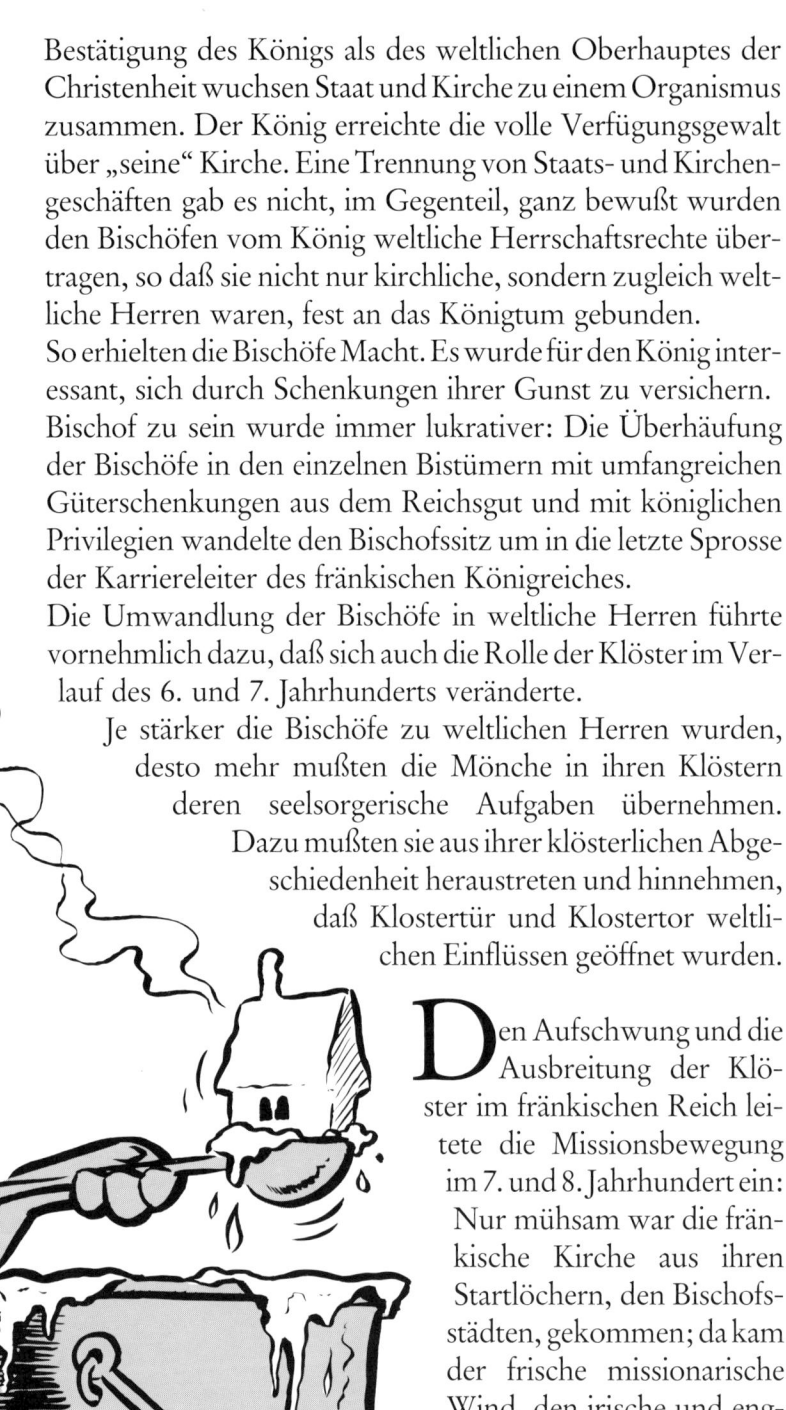

Den Aufschwung und die Ausbreitung der Klöster im fränkischen Reich leitete die Missionsbewegung im 7. und 8. Jahrhundert ein: Nur mühsam war die fränkische Kirche aus ihren Startlöchern, den Bischofsstädten, gekommen; da kam der frische missionarische Wind, den irische und englische Mönche mit auf das europäische Festland brachten, gerade recht.

Der angelsächsische Benediktinermönch Winfried (672/73–754), dem Papst Gregor II. 719 den Namen Bonifatius (Bekenner des Guten) verlieh, ist sicherlich der bekannteste Vertreter dieser Missionsbewegung; im 16. Jahrhundert wurde er mit dem Ehrennamen „Apostel der Deutschen" ausgestattet. Er wurde vom Papst mit der Reorganisation des germanischen Christentums betraut und 732 zum Erzbischof und päpstlichen Vikar des gesamtdeutschen Missionsgebietes erhoben und schließlich 746/48 zum Erzbischof von Mainz ernannt. Während einer Missionsreise ist Bonifatius 754 von heidnischen Friesen ermordet worden.

Die missionarischen Interessen der religiösen Reformer um Bonifatius deckten sich mit den reichspolitischen Zielen der Karolinger, indem sie indirekt deren Expansionsdrang unterstützten. Vor allem in den rechtsrheinischen Gebieten versuchten die Karolinger, ihre Herrschaft mit kirchlicher Hilfe zu festigen. Die im Missionsgebiet neu entstandenen Klöster, beispielsweise das von Bonifatius selbst gegründete Kloster Fulda, wurden in der Folgezeit zuverlässige Stützen der fränkischen Herrschaft.

Das im Jahre 764 gegründete Kloster Lorsch an der Bergstraße gilt als das Reichskloster schlechthin. Der „Codex Laureshamnensis", das Güterbuch des Klosters, ist für die Weinanbaugebiete Bergstraße, Rheinhessen und Rheinpfalz eine Quelle früher Ortsnennungen im 8. und 9. Jahrhundert.

Zur Zeit Karls des Großen waren die Klöster dann fest eingebunden in die Reichsorganisation. Gründung und Besitz eines Klosters waren geradezu ein königliches Privileg geworden. Die „Reichsklöster", wie diese Klöster bezeichnenderweise genannt wurden, sollten auch die kulturelle Basis der Königsherrschaft stärken. Aus dem großen Reichsguttopf wurde den Klöstern, ähnlich wie vorher den Bischöfen, reichlich aufgetischt. Einzelne Abteien bildeten riesige geistliche Grundherrschaften, über die der König verfügte. So wurden die Klöster nicht nur zu bedeutenden religiösen und kulturellen Zentren, aus denen der König zuverlässige Berater und Beamte für seinen Verwaltungsapparat rekrutieren konnte, sondern auch zu den wirtschaftlichen Zentren des Reiches.

In der Folge dieser Entwicklung wurden die Klöster zu den wichtigsten Weinbaubetrieben des Mittelalters.

Ihre Einbindung in das Herrschaftsgefüge des Reiches und ihre stärkere Einbeziehung in die Wirtschaft stellten einen engen Kontakt zum Weinbau her.

Zugleich stieg die Bedeutung des Weines wegen seiner sakralen Rolle im Christentum und der damit notwendigen regelmäßigen Versorgung der Kirchen und Klöster mit Wein für das tägliche Meßopfer. Dabei muß man berücksichtigen, daß zu dieser Zeit noch der Laienkelch üblich war. Nicht nur der Priester trank beim Meßopfer konsekrierten Wein, sondern auch die Laien, und so war der Weinverbrauch bei der Messe gegenüber der heutigen Zeit ungleich höher. Natürlich spielte der Wein auch eine wesentliche Rolle als Getränk des täglichen Lebens. In vielen Regionen rangierte der Wein deutlich vor dem Bier. Beide Funktionen machten den Wein zu einem wichtigen Wirtschaftsgut und seinen Anbau trotz des hohen Arbeitseinsatzes zu einem lohnenden Geschäft. In den Weinbaugegenden waren die Mönche auf ihren großen geistlichen Grundherrschaften bald die fleißigsten und erfolgreichsten Winzer, allerdings brauchten sie auch bald die Unterstützung von Laien bei der Weinbergsarbeit. In einem Bericht an Papst Zacharias aus dem Jahre 751 schreibt Bonifatius zur Gründung des Klosters Fulda: „Da liegt ein Waldland in der Einöde und in weiter Einsamkeit, mitten unter den Völkern unseres Predigerbereiches, wo wir ein Kloster erbaut und Mönche angesiedelt haben, die unter der Regel des hl. Vaters Benedikt leben, Männer von strenger Enthaltsamkeit, ohne Fleisch und Wein, ohne Bier und Knechte, zufrieden mit der Arbeit ihrer Hände."

Der hl. Benedikt von Nursia (ca. 480–547), Begründer des Benediktinerordens, auf dem Titelbild einer gedruckten Benediktinerregel aus dem Jahre 1500.
(Albareda, M.: Bibliografia de la regla benedictina. 1929)

Bei diesem Arbeitseifer ist es nicht verwunderlich, daß die Klöster zu wirtschaftlicher Blüte gelangten. Doch die Tatsache, daß Bonifatius ausdrücklich betont, die Arbeit in diesem Kloster werde ohne Knechte verrichtet, zeigt schon, daß dies Mitte des 8. Jahrhunderts in vielen Klöstern normalerweise nicht mehr üblich gewesen ist.

Für Benedikt von Nursia war die tägliche Arbeit ein Teil der Askese und diente allein dazu, die klösterliche Selbstversorgung zu gewährleisten. Mit der Entwicklung der Klöster hin zu großen Wirtschaftsbetrieben änderte sich dies zwangsläufig. Die Organisaton eines Benediktinerklosters dieser Zeit erinnert stark an einen römischen Gutshof. Bei den Römern war die Sklavenarbeit im Weinbau üblich, Columella bezeich-

net sogar angekettete Sklaven als „vinitores", als Weinbergs-
arbeiter. Die Mönche mit ihrem strengen Leben zwischen
Gotteslob und Arbeit konnten den Weinbau römischer Tradi-
tion, wie ihn Columella um 60 n. Chr. beschreibt, weiterfüh-
ren. Die harte Weinbergsarbeit, bei den Römern von Sklaven-
hand erledigt, verrichteten die Mönche anfangs noch selbst.
Mit der Ausweitung der Klöster zu großen Besitzkomplexen
stieg jedoch die Zahl der Knechte, die für die Mönche arbeiteten. Die gesellschaftlichen Herrschaftsstrukturen machten
auch vor den Klostertoren nicht halt, und das Arbeiten von
Knechten für die Mönche wurde zur Regel. Zusammen mit
den vielen Besitzschenkungen an die Klöster gelangten immer
mehr Knechte, die auf diesen Besitzungen arbeiteten, unter
klösterliche Herrschaft. Da sie zu dem Land gehörten, auf
dem sie arbeiteten, wurden sie mit diesem Land den Klöstern
geschenkt.

Der Besitz der Klöster vermehrte sich stetig: Die wirtschaftlich wertvollste Form des Landbesitzes waren
Weinberge. Die Weinberge wurden von den Klöstern zur
Bearbeitung auch an Pächter vergeben, da die eigene Arbeits-
kraft und die der Knechte nicht mehr ausreichten. Den Klöstern mußten die Pächter vertraglich festgelegte Abgaben
leisten. In der Regel war dies der dritte Teil ihrer Ernte.
Die „Dritteilpacht" war die allgemein übliche Pacht-
form im Weinbau. Die Pächter hatten ihre Weinernte direkt zur klösterlichen Kelteranlage zu lie-
fern. Vor Ort, das heißt direkt an der Kelter im
Kloster, wurde ein Teil des frisch gekelterten Weines als Abgabe eingezogen; den Kirchenzehnten
erhoben die Mönche bei dieser Gelegenheit gleich mit
und kassierten diese Abgabe ebenfalls in flüssiger Form
ein. Die karolingische Gesetzgebung hatte den von der
Kirche geforderten Kirchenzehnten zum Zehntrecht
erhoben. Die einzelnen Arbeiten im Weinberg waren im
Pachtvertrag genauestens festgelegt, klösterliche
Argusaugen schauten den Pächtern bei der
Bewirtschaftung ihrer Weinberge in regelmäßigen Abständen auf die Finger. Bei
Verfehlungen hatten die Pächter Scha-

denersatz zu leisten und riskierten den Verlust ihres Pachtgutes. Besonders gute Augen hatten die Mönche während der Weinlesezeit, die verständlicherweise sorgfältig überwacht wurde.

Der Lesebeginn mußte dem Kloster frühzeitig gemeldet werden, damit der klösterliche Herbstherr, der „Windelbote" (von lat. vindemia = Weinlese), zur Lese anwesend sein konnte. Für die Dauer der Weinlese mußte der Herbstherr auf den jeweiligen Höfen beherbergt werden. Vor Ort überwachte er die Traubenlese, und gegebenenfalls, wenn keine Kelter in der Nähe war, ließ er direkt im Weinberg die dem Pachtanteil entsprechende Traubenmenge für die klösterliche Herrschaft abzweigen. Die geschilderte Entwicklung vollzog sich vom 8. bis zum 11. Jahrhundert. Sie zeigt, daß die Ausbreitung des Weinbaus in dieser Zeit vornehmlich unter klösterlicher Regie stattfand. Ob der hl. Benedikt beim Anblick dieser Entwicklung seines Benediktinerordens ruhig und entspannt auf seiner Wolke sitzen konnte, ist zu bezweifeln.

Kultivierung des Landes durch Zisterziensermönche. Miniatur aus dem 13. Jahrhundert. (Universitätsbibliothek, Cambridge)

Uns gelingt dabei der geistige Sprung an das Ende des 11. Jahrhunderts. Die Kritik vieler Mönche an der weltzugewandten Lebensweise der Benediktiner wuchs, und ihr Widerstand gegen diese Art des benediktinischen Mönchseins manifestierte sich in der Gründung eines Reformordens, des Ordens der Zisterzienser.

Der Aufstieg der Zisterzienser ist das Ereignis des 12. und 13. Jahrhunderts gewesen, auch unter weingeschichtlicher Sicht; denn unter der Führung der Zisterziensermönche eroberte der Weinbau ganz Deutschland.

Wahrscheinlich im Jahre 1098 verließen der Benediktinermönch Robert und zwanzig seiner Mitbrüder das Kloster Molesme (Burgund) und zogen in die Einöde von Citeaux (Burgund). Ihr Ziel war eine Rückbesinnung auf die

„reine Regel" des heiligen Benedikt. Durch eine strengere Befolgung der „regula Benedicti" wollte man sich abgrenzen von Cluny und den übrigen prachtvollen und wohlhabenden Klöstern der Benediktiner.

Stefan Harding, der dritte Abt von Citeaux (1108–1133), formte die junge Gemeinschaft zu einem neuen Orden. In der „Charta Caritatis" legte er die Grundzüge der Ordensverfassung und Ordensorganisation fest; 1119 bestätigte Papst Calixt II. eine erste Fassung der „Charta Caritatis".

Zu den vier Tochterklöstern Citeauxs gehörte auch das 1115 gegründete Kloster Clairvaux (Burgund). Gründerabt war der zwei Jahre zuvor den Zisterziensern beigetretene Bernhard von Clairvaux. Sein Einsatz, seine Beredsamkeit, sein Charisma und seine umfangreiche publizistische Tätigkeit machten den Zisterzienserorden schnell bekannt und hatten großen Anteil an der enormen Ausbreitung des Ordens. Bis zum Tode Bernhards im Jahre 1153 waren in Europa 344 Zisterzienserklöster entstanden.

Die Zisterzienser wollten sich absetzen von der herrschaftlichen Lebensweise vieler Benediktinermönche. Sie wollten nicht länger von der Arbeit der Knechte und Pächter leben, sondern ganz im Sinne des hl. Benedikt von ihrer eigenen Handarbeit; den Grund und Boden, den sie besaßen, wollten sie wieder selbst bearbeiten. In den ersten Regeln, die sich die Zisterzienser von Citeaux gaben, heißt es: „Die Mönche unseres Ordens müssen von ihrer Hände Arbeit, Ackerbau und Viehzucht leben. Daher dürfen wir zum eigenen Gebrauch besitzen: Gewässer, Wälder, Weinberge, Wiesen, Äcker sowie Tiere ..."

Etwas weiter kann man dann lesen: „Zur Bewirtschaftung können wir nahe oder ferne beim Kloster Höfe haben, die von Konversen (Laienbrüdern) beaufsichtigt und verwaltet werden." Diese Höfe nannten die Zisterzienser „Grangien" (lat. grangia, von granum = Korn). Das perfekte Wirtschaftssystem, welches sich die Zisterzienser aufbauten, bezeichnet man als „Grangienwirtschaft". Es mag einem etwas paradox erscheinen, wenn man feststellt, daß die Zisterzienser einerseits die Ausnutzung fremder Arbeitskräfte strengstens verurteilten, andererseits aber eine Grangienwirtschaft betrieben, die sich auf die Arbeitsleistung ihrer Laienbrüder stützte. Man muß jedoch bedenken, daß diese Laienbrüder zur Klostergemeinschaft gehörten und freiwillig als Arbeiter in das Kloster eingetreten waren. Die Grangien, Gutshöfe, die oft viele Kilometer von den Klöstern entfernt lagen, wurden von einem Laienbruder, dem „magister grangiae", geleitet, der dem Bursar des Klosters Rechenschaft über die Arbeit in seiner Grangie schuldig war. Bursar nannte man den Mönch, der für die Finanzverwaltung des Klosters zuständig war. Er unterstand wiederum dem Cellerar, dem die komplette klösterliche Wirtschaftsverwaltung anvertraut war.

Der ehemalige Hospitalkeller des Klosters Eberbach. Wer sich einmal in diesem feuchten und dunklen Raum aufgehalten hat, kann sich nur schwer vorstellen, daß hier kranke Mönche gut aufgehoben waren.
Die Nutzung dieses Gewölbes als Kelterraum, wie sie uns der Stich aus dem Jahre 1920 zeigt, erscheint da naheliegender. (Hessische Staatsweingüter, Eltville am Rhein)

Dieses System der Eigenwirtschaft ließ sich auf Dauer nicht aufrecht erhalten, da die Zahl der Konversen, die zu Beginn des Zisterzienser-Booms die Tore der Klöster förmlich berannten, stetig zurückging. Vor allem die in den Städten als neue und attraktive Religionsgemeinschaften entstehenden Bettelorden warben den Zisterziensern deren Arbeitskräfte ab. So fehlte es den Zisterzienserklöstern bald an Arbeitern. Neben der Grangienwirtschaft stützten sich die Zisterzienser mit dem beginnenden 13. Jahrhundert daher nun doch verstärkt auf die Pachtwirtschaft, die sie bei den Benediktinern gebrandmarkt hatten. Ihre strengen wirtschaftlichen Grundsätze mußten sie langsam aufgeben und sich mehr und mehr der üblichen Wirtschaftweise ihrer Umwelt anpassen. Das zisterziensische Ideal der Armut vertrug sich nicht allzugut mit dem ungebrochenen wirtschaftlichen Elan der Zisterzienser, denn die erwirtschafteten Gewinne ließen den Besitz der Klöster rapide ansteigen. Vor allem der Weinbau war es, der den Zisterziensern ihren Wohlstand bescherte.

Vornehmlich im süddeutschen Raum, an Mosel, Rhein und Main wurde der Weinbau von den Zisterziensern intensiv

Das Bild täuscht:
Bei Ebbe ist die Anbaufläche um das zehnfache größer.

betrieben und vorangetrieben. Für den Weinbau günstig gelegene Grangien wurden ganz auf denselben spezialisiert, und an Ort und Stelle richteten die Zisterzienser die erforderlichen Kelteranlagen und Kellerräume ein. Gleichzeitig konnte von diesen Grangien aus der Weinbau der von dem Kloster abhängigen Pächter kontrolliert werden. Als Paradebeispiel für ein deutsches Zisterzienserkloster, das sich ganz dem Weinbau verschrieben hatte, wird immer Kloster Eberbach im Rheingau angeführt, eine direkte Tochtergründung des Klosters Clairvaux (Burgund). Im Jahre 1136 ließen sich die Zisterzienser im Rheingau nieder. Gemeinsam mit den Benediktinern des Klosters Johannisberg machten die Eberbacher Zisterzienser aus dem Rheingau eine blühende Weinbauregion. Unterstützt vom Mainzer Erzbischof, dem Landesherrn des Rheingaus, bauten sich die Mönche ein beachtliches Weinbauimperium auf und erzielten mit dem Verkauf ihres Weines immense Gewinne. Eine eigene klösterliche Rheinflotte beförderte den von jeglichen Zollzahlungen befreiten Wein direkt zu den Weinmärkten der Städte, vor allem nach Köln, dem deutschen Weinhandelszentrum dieser Zeit. Doch dazu mehr im folgenden Kapitel.

Dieser Plan des Zisterzienserklosters Eberbach (Rheingau) stammt aus dem Jahre 1753 und zeigt uns aus einer etwas schiefen Vogelperspektive die komplette Klosteranlage. (Hessische Staatsweingüter, Eltville am Rhein)

Die Sicherung der eigenen Weinversorgung, eine allgemein ständig steigende Nachfrage und die damit verbundene Aussicht auf lukrative Gewinne aus dem Weinverkauf veranlaßten auch die Mönche, die in weiter nördlich gelegenen Klöstern lebten, Weinberge anzulegen oder den bereits aus karolingischer Zeit stammenden Weinbau zu übernehmen und zu erweitern.

36

Vor allem im thüringischen und sächsischen Raum gewann der zisterziensische Weinbau schnell an Bedeutung. Hier wurden im Elbtalbereich zwischen Meißen und Dresden sowie entlang der Saale, der Unstrut und der Ilm Weinberge angepflanzt. Die Zisterzienser rodeten weite Waldgebiete und waren geradezu Spezialisten im Entwässern von Sumpfgebieten. Große Landflächen wurden von ihnen urbar gemacht. Die beiden wichtigsten Weinbauklöster der Zisterzienser im mitteldeutschen Raum waren das am Südharzrand gelegene Kloster Walkenried und das Kloster Pforta bei Naumburg.

Im Zuge der Kolonisationsbewegung drangen die Zisterzienser weiter nach Norden und Osten vor: Bis hinauf nach Schleswig-Holstein, in den Ostseeraum von Brandenburg und Mecklenburg und weiter östlich bis nach Ostpreußen breitete sich der klösterliche Weinbau im Verlauf des späten 13. Jahrhunderts aus und ist uns an vielen Orten urkundlich belegt.

Weinbau am Meeresstrand … Überlegungen, wie dieser edle Rebensaft wohl geschmeckt haben mag, wollen wir lieber nicht anstellen; heute wird man einen norddeutschen Bauern sicherlich nicht dazu bewegen können, sein landwirtschaftliches Glück einmal im Weinbau zu suchen.

Der Aufstieg der Städte

e weiter wir die deutsche Weingeschichte ver-
folgen, desto schwieriger wird es, die politischen Verhältnisse in angemessener Kürze, aber
dennoch verständlich darzustellen. Stark ver-
einfachend können wir die Weingeschichte des
11. bis 15. Jahrhunderts in zwei Abschnitte auf-
teilen, in eine Zeit der Klöster und in eine Zeit
der Städte und des Weinhandels. Im letzten Kapitel wurden
die Bedeutung der Klöster für den Weinbau bereits erörtert
und das große Engagement der Zisterzienser im Weinhandel
angesprochen. Die Mönche mußten Märkte aufsuchen, um
dort die dem Kloster fehlenden Waren zu erstehen. Um das
dafür erforderliche Geld zu verdienen, war es für die Klöster
auch notwendig, auf den Märkten ihre eigenen Produkte zu
verkaufen. Die Regel Benedikts erlaubte den Mönchen diesen
Verkauf ihrer überschüssigen Produkte. Es gab allerdings ein-
schränkende Bestimmungen des zisterziensischen Generalka-
pitels, die dem Wesen des mönchischen Lebens entsprachen.
Die Marktbesuche der Mönche sollten sich in einem über-
schaubaren Rahmen halten, damit der Kontakt zur Außen-
welt auf eine Minimum beschränkt werde. Doch die aus Fleiß
und Bedürfnislosigkeit resultierende Überproduktion der
Klöster ließ die Zahl der Marktbesuche ansteigen, und mit den
guten Vorsätzen der Zisterzienser war es bald vorbei.

Wein war in der mittelalterlichen Stadt außerordentlich begehrt; man muß sich vor Augen halten, daß das Wasser in den Städten oftmals ungenießbar war und Bier zu dieser Zeit noch nicht ausreichend lagerfähig gebraut werden konnte. So war Wein als „Grundgetränk" ein echter Verkaufsschlager. Die Nachfrage war groß, ebenso die Gewinnspanne, denn der Handel der Klöster war weitgehend von Abgaben befreit. Dazu kam, daß sich der Wein in Fässern gut befördern ließ und man auch kein drohendes Verfallsdatum zu fürchten hatte, sofern der Wein in Ordnung war. Die Zisterzienser in Eberbach verfügten nicht nur über eigene Schiffe, mit denen sie ihren Wein transportierten. Eigenes Personal beförderte den Wein aus den Klosterkellern direkt auf die Märkte in den umliegenden Städten. Auch den Verkauf vor Ort besorgten Klosterangestellte.

Schon früh richteten sich die Klöster in den Städten, in denen sie ihre Waren verkauften, eigene Lagerhäuser ein, die schnell zu stattlichen Stadthöfen heranwuchsen. Den Mönchen selbst war zwar ein längerer Aufenthalt in diesen Stadthöfen untersagt, doch ihre Konversen, so wurden

Das Einbringen der Weinfässer zeigt dieser Kupferstich von Matthäus Merian (1593–1650). (Deinhard-Archiv, Koblenz)

bei den Zisterziensern die Laienbrüder genannt, übernahmen wie in den Grangien, den Wirtschaftshöfen auf dem Land, auch die Leitung dieser Höfe. Zahlreiche Schenkungen und gezielte Käufe von Gebäuden als Kapitalanlage bescherten den Klöstern umfangreichen städtischen Besitz. Die Stadthöfe selbst, viele Klöster besaßen bald eine stattliche Anzahl, wurden zu städtischen Organisationszentralen, von denen aus dieser Besitz der Klöster innerhalb der Stadtmauern verwaltet wurde.

Die ersten beiden Stadthöfe deutscher Zisterzienserklöster lassen sich schon für das Jahr 1142 in Würzburg nachweisen; die fränkischen Klöster Ebrach und Heilsbronn bewiesen hier wirtschaftlichen Schwung. Zu erwähnen ist auch der bedeutende Stadthof des Klosters Eberbach in Köln, der seit dem Jahr 1163 bezeugt ist.

Doch die klösterlichen Stadthöfe waren nicht nur dazu da, Waren zu lagern, die dann auf den Märkten vorwiegend Händlern zum Verkauf angeboten wurden. Die Zisterzienser verkauften ihre Waren in ihren Stadthöfen auch direkt an den Endverbraucher, sozusagen „frisch vom Lande".

Schon früh stand so ein reger Weinausschank in den Stadthöfen auf der Tagesordnung. Sie wurden zu regelrechten, gut florierenden Kneipen ausgebaut.

Den Bürgern blieb dabei nicht verborgen, daß die Mönche mit dem Weinhandel viel Geld verdienten. Das Auftreten der Zisterzienser in ihren Stadthöfen stieß bei der Bürgerschaft einer Stadt daher nicht gerade auf Begeisterung. Ganz im Gegenteil, es erweckte Neid, und in vielen Städten kam es zu heftigen Streitereien zwischen der Bürgerschaft und den Klosterleuten. Die Bürger wollten es nicht so recht einsehen, daß in ihrer Stadt Mönche Waren verkauften und dafür auch ordentliche Gewinne einstrichen, von denen die Stadt aber keinen Heller zu sehen bekam.

In Würzburg beispielsweise gab es innerhalb der Stadt neun klösterliche Stadthöfe. Im Jahre 1297 wurden sie aufgefordert, mit einer Abgabe, die sie für die Einfuhr ihres Weines und Korns in die Stadt leisten sollten, dazu beizutragen, den städtischen Schuldenberg abzutragen. Als die Leiter der Höfe sich weigerten, eine solche Abgabe zu zahlen, stürmten die wütenden Würzburger die Stadthöfe und verkauften in eigener Regie den dort lagernden Wein und das Getreide. Am Ende aber triumphierten die Klöster, denn zwei Jahre später ordnete der Würzburger Bischof, der zugleich auch Stadtherr war, an, die Bürgerschaft habe das Recht der Zisterzienser zu achten, ihren Wein und sonstige Waren abgabenfrei in die Stadt einführen und dort verkaufen zu dürfen. Auf der anderen Seite boten die Mönche den Bürgern aber auch Anschauungsunterricht in effektiver Weinwirtschaft. Sie brachten die Bürger auf die Idee, Handel mit Wein zu treiben. Wenn sie schon nicht durch Steuern am Weinhandel der Mönche teilhaben konnten, wollten sie selbst durch Weinhandel Geld verdienen. So stellten die Mönche indirekt die Verbindung her zwischen dem Weinbau und dem Markt in der Stadt, der in dieser Zeit von ausschlaggebender Bedeutung war; denn im Mittelalter, vor allem in der Zeit zwischen 1220 und 1320, sind in Deutschland etwa 4000 Städte gegründet worden. Es kam zu einer regelrechten Städtegründungswelle. Den Trend hin zur Städtegründung förderte in erster Linie die starke Bevölkerungszunahme; für das 13. Jahrhundert schätzt man ein Anwachsen der Bevölkerung in Deutschland von 8 auf 14 Millionen Menschen. Auch die starke deutsche Ostkolonisation, die, unter Karl dem Großen begonnen, noch bis in das 15. Jahrhundert fortdauerte, konnte diesen enormen Bevölkerungszuwachs nicht auffangen. Mit diesem Anstieg der Bevölkerung wuchs gleichzeitig natürlich auch die Zahl der Arbeitskräfte und die Leistungsfähigkeit der Wirtschaft, vor allem im landwirtschaftlichen Bereich. Immer mehr Waren stapelten sich auf den Märkten.

Ausschnitt der Kölner Stadtansicht „Agrippina of Coellen" in der Koelhoffschen Chronik (1499).
(Graphische Sammlung, Rheinisches Bildarchiv)

Neben der Bevölkerungszunahme wirkte der steigende Warenhandel im Mittelalter städtebildend, denn in der Vermittlung des Warenaustausches lag die wesentliche Aufgabe der mittelalterlichen Stadt. Die unter den Karolingern begonnene Politik der gezielten Gründung von Marktorten durch Marktrechtsverleihungen erreichte unter den Ottonen im 11. Jahrhundert ihren Höhepunkt. Wenn der König seine Macht festigen und Mittel aus Steuern einnehmen wollte, mußte er den wirtschaftlichen Aufschwung seines Landes fördern und den Handel schützen. Bereits Karl der Große hatte aus diesem Grund die Kaufleute unter seinen königlichen Schutz gestellt; die Ottonen verfügten zum Schutz der Wirtschaft den sogenannten „Marktfrieden". Der König allein entschied über die Verleihung des Marktrechts und die Schaffung eines neuen Marktortes. Diese Marktorte spielten bei der Entstehung der mittelalterlichen Städte eine wichtige Rolle, doch wollen wir den langwierigen Prozeß der Stadtentstehung auf den Grundlagen der Marktorte stillschweigend übergehen und uns gleich seinem Ergebnis zuwenden: Die Stadt im mittelalterlichen Sinne ist eine durch Wehrmauern geschützte Siedlung, gelegen an einer Stelle, die durch Wasserstraßen,

Landwege und ein breites Hinterland dem Handel günstig war. Mit der Verleihung des Stadtrechts wurde der Stadtbezirk zu einem besonderen Rechtsbereich. Die Bürger bildeten die städtische Rechtsgemeinschaft mit einem eigenen Stadtrat an ihrer Spitze, sowie einem eigenen Stadtgericht. Die Mitglieder des Stadtrates rekrutierten sich zumeist aus der städtischen Oberschicht, den wohlhabenden Kaufmannsfamilien, die die Geschicke einer Stadt leiteten. Vor allem im Süden und Westen Deutschlands lagen die Städte, die als „Reichsstädte" keinem Landesherren, sondern „reichsunmittelbar" allein dem König untertan waren. Es gab ungefähr 80 Reichsstädte. Der große Rest der Städte war der jeweiligen Landesherrschaft unterworfen und „landsässig"; weltliche und kirchliche Fürsten waren hier die Stadtoberhäupter.

Das wichtigste deutsche Weinhandelszentrum des Mittelalters war die Stadt Köln. Hier spielte die Musik … und das hatte zwei Gründe: die günstige geographische Lage der Stadt und das Stapelrecht. Die Stelle, an der Köln am Rhein liegt, war für den Weinhandel nach Norden optimal; denn die dickbauchigen Schiffe der niederländischen Weinhändler konnten rheinaufwärts nur bis nach Köln fahren und mußten hier den Wein aufnehmen. Es war jedoch nicht nur die günstige Lage, die Köln zum Zentrum machte, sondern auch die Ausnutzung der Chancen, die das Stapelrecht bot. Das Stapelrecht gab einer Stadt die Möglichkeit, jeden fremden Händler, der durch die Stadt zog, dazu zu zwingen, seine Waren für eine bestimmte, im Stapelrecht festgelegte Zeit, auf dem städtischen Markt anzubieten. In der Regel betrug die Stapelzeit drei Tage. Mit Hilfe des Stapelrechts versuchten die Städte einerseits, ihre eigene Versorgung zu gewährleisten, und andererseits, mit einem ständigen Warenangebot auf ihren Märkten den Aufstieg der Stadt zu einer Wirtschaftsmetropole zu beschleunigen.

Der „Kölner Stapel" war somit eine Einrichtung, die der Stadt Köln entscheidende wirtschaftliche Bedeutung verlieh. Da Köln direkt an der Grenze zwischen Fluß- und Seeschiffahrt lag, kontrollierte die Stadt mit ihrem „Stapel" das Weingeschäft; ausschließlich von Kölner Bürgern durften die Händler Wein kaufen oder an sie verkaufen. In Köln selbst vertraten die Kölner Weinhändler ihre Kunden gegenüber den niederländischen Kaufleuten. Diese Kunden waren die Winzer in ihren Weinbaudörfern. In den Dörfern der Weinbauregionen hatten die Kölner Kaufleute ihre Vertreter und Agenten direkt an der Weinquelle sitzen, die ständig die neuesten Informationen zur bevorstehenden Weinlese mit der zu erwartenden Erntemenge und Weinqualität nach Köln sandten. In dieser Weise immer bestens auf dem laufenden gehalten, konnte ein Weinhändler in Köln seine Weineinkaufsreisen planen. Viele Agenten schlossen für ihren Kaufmann bereits im Sommer Vorverträge über den Verkauf der bevorstehenden Traubenernte ab. Der Weinhändler mußte dann auf seiner Einkaufstour nur noch die Qualität des Weines prüfen und den Transport nach Köln organisieren. Da die Winzer nicht in der Lage waren, die kostspieligen „Kölnfahrten" zum Verkauf ihres Weines zu organisieren, mußten sie ihren Wein auf einem eigenen dörflichen Weinmarkt anbieten.

In Köln spielte die Musik … Ausschnitt aus dem Stadtpanorama des Anton Woensam (1531).
(Graphische Sammlung, Rheinisches Bildarchiv)

Mit allen Mitteln wurde von Seiten der Weinhändler versucht, die Winzer an sich zu binden, um den Weinmarkt kontrollieren zu können.

Mit Darlehen und Güterlieferungen auf Kredit wurden die Winzer von den mächtigen Kaufleuten geködert. Viele arme Winzer, die in jedem Jahr aufs neue um ihre Existenz bangen mußten, verkauften in ihrer Not schon die Ernte des kommenden Jahres. Ein großer Coup gelang einem Kölner Händler im Jahre 1502. Dem Dorf Waldalgesheim bei Bingen kaufte er die Ernte für die kommenden zehn Jahre ab.

Normalerweise traten die Weinhändler auf ihren Einkaufsreisen an den jeweiligen Gemeindevorstand heran, der in den meisten Weinbauorten seit dem Beginn des 15. Jahrhunderts die Aufsicht über den Weinverkauf übernommen hatte und den Weinmarkt „öffnete". Für das ganze Dorf wurde ein einheitlicher Weinpreis ausgehandelt, und, wenn dieser feststand, der Weinmarkt vom Gemeindevorstand wieder „geschlossen". Das Verkaufssystem der „Gabelung" garantierte dabei den Winzern auch den Verkauf von Weinen minderer Qualität. Die Weinfässer wurden so „gegabelt", daß der Käufer jeweils ein Faß qualitativ besseren Weines zusammen mit einem Faß minderen Weines abnehmen mußte.

Das Einzugsgebiet des Kölner Weinhandels umfaßte alle süd- und westdeutschen Weinanbaugebiete, vor allem natürlich den nahegelegenen Mosel- und Mittelrheinraum. Die Weine aus diesen Anbaugebieten wurden alle unter dem Sammelbegriff „Rheinwein" verkauft, nur der elsässische Wein machte da eine Ausnahme. Da der Wein aus dem Elsaß zwar auch über Köln, aber vornehmlich über Frankfurt in den Norden exportiert wurde, gelang es der Stadt Köln nie, die angestrebte Monopolstellung im Weinhandel zu erlangen.

Die Elsässer vermieden im 14. und 15. Jahrhundert den Handelsweg durch das vom Hundertjährigen Krieg geschädigte Frankreich und exportierten den für den Norden bestimmten Wein über Deutschland. Die Vorzugsstellung Frankfurts im Weinhandel mit dem Elsaß ergab sich aus der 1280 durch Urkunde bezeugten gegenseitigen Zollfreiheit zwischen Straßburg und Frankfurt. Von Frankfurt aus wurde der Wein auf zwei großen Handelsstraßen, der Lübecker und

Erste Mengenregulierungsversuche
an Rhein und Nahe.

der Erfurter Handelsstraße, nach Norden und Osten befördert. Der Handel mit Wein brachte den Frankfurter Kaufleuten fabelhafte Gewinne. Einer von ihnen brachte in 30 Jahren ein solches Vermögen zusammen, daß er 1366 einen Steuerbetrag entrichten mußte, der im 14. Jahrhundert einzig dasteht. Ähnlich war es in Köln. Die in der Stadt Köln eingezogenen Verbrauchssteuern weisen die Steuer für den Wein, die Weinakzise, als wichtigste Steuer aus; 10–13 % aller städtischen Einnahmen resultierten allein aus der Weinakzise.

Die gesamte Kölner Bevölkerung verdiente direkt oder indirekt am Weinhandel, denn die meisten Berufsgruppen kamen täglich mit dem Weinhandel in Berührung. Im Jahre 1378 wurde die „Weinschule" gegründet, eine Rechtskommission, die zusammen mit dem „Rheinmeister", dieses Amt wurde bereits 1355 geschaffen, den Weinhandel und den Weinausschank in der Stadt Köln überwachte. Der „Weinschule" unterstand auch der große Beamtenapparat des städtischen Weinmarktes.

Abbildung aus einem Buch zum Weinhandel, „Verordnungen über den Handel zu Lande und zu Wasser" (1528).

Die mächtigen Kölner Kaufmannsfamilien hatten den Wein(nah und fern)handel fest in ihren Händen. Der Familienvater wohnte als der große Koordinator in Köln, während sich seine Söhne und Schwiegersöhne an den wichtigsten Weinabsatzmärkten in Städten wie Brügge, Brüssel, Antwerpen, Stockholm oder Reval niedergelassen hatten, um sich vor Ort persönlich um den Weinverkauf zu kümmern. Den Rheinwein im Gepäck, waren die Kölner Kaufleute gern gesehene Besucher auf den Märkten der großen europäischen Handelsstädte. Die Gewinne, die sie mit dem „Rheinwein" erzielten, investierten sie sogleich wieder in Pelze, Getreide oder andere begehrte Waren, die sie zum Verkauf zurück nach Köln sandten.

Seit dem 12. Jahrhundert formierten sich vor allem im Nord- und Ostseeraum Kaufleute in sogenannten „Gilden" oder „Hansen". In genossenschaftlichen Bünden vereint, suchten sie den gegenseitigen Schutz auf ihren gemeinsamen Handelsfahrten.

Nach dem Aufblühen der Städte entstanden im Verlauf des 14. Jahrhunderts aus diesen Schutzgemeinschaften Städtebünde, von denen die unter der Führung der Stadt Lübeck gegründete „Deutsche Hanse" eine besondere Bedeutung erlangte. Die Hanse war bis in die frühe Neuzeit hinein das wirtschaftliche Bindeglied zwischen Ost- und Westeuropa. Für alle Mitgliedsstädte der Hanse, die „stede van der dudeschen hense", wurden 1347 verbindliche Statuten festgeschrieben, und Vertreter der einzelnen Hansestädte trafen sich auf regelmäßig abgehaltenen Hansetagen, um die Zusammenarbeit ihrer Städte zu organisieren. Die deutsche Hanse blieb über die ganze Zeit ihres Bestehens hinweg ein wirtschaftlicher Bund. Innerhalb der Hanse entwickelte sich Köln zu einer Schaltzentrale für den europäischen Weinhandel. Nach England, in die Niederlande und in den gesamten Ostseeraum bis in die Baltenländer und weiter nach Novgorod, einer vor allem im Hinblick auf den Pelzhandel bedeutenden Niederlassung der Hanse im gleichnamigen russischen Fürstentum, lieferten die hansischen Kaufleute deutschen Wein, der vornehmlich aus Köln stammte.

Ein mittelalterlicher Spruch bezeichnet die Stadt Köln als das „Weinhaus der Hanse". Doch die Hanse handelte nicht nur mit deutschen Weinen, eine Tatsache, die den Kölner Weinhändlern bald merkantile Kopfschmerzen bereiten sollte: Mit der über den Seeweg zunehmenden Einfuhr portugiesischer, spanischer und französischer Weine, mit denen die Hansekoggen in den Biscayahäfen beladen wurden, büßte der „Rheinwein" langsam seine Monopolstellung ein; daran konnten auch die eifrigen Freibeuter um Klaus Störtebecker und Godeke Michels nichts ändern. … Die Lage wurde ernst, bald sogar bierernst: Nachdem man im Verlauf des 15. Jahrhunderts vermehrt damit begann, lager-und damit zugleich exportfähiges Hopfenbier zu brauen, entwickelte sich das Bier erstmals zu einer echten Alternative zum Wein. Keine rosigen Aussichten für den Wein aus deutschen Landen …

Die Zeit des Dreißigjährigen Krieges

ein geringerer als Martin Luther schrieb im Jahre 1534 in Anlehnung an den 101. Psalm: „Es muß ein jeglich Land seinen eigenen Teufel haben ... unser deutscher Teufel wird ein guter Weinschlauch sein und muß Sauf heißen, daß er so dürstig und hellig ist, der mit so großem Saufen Weins und Biers nicht kann gekühlet werden. Und wird solcher ewiger Durst und Deutschlands Plage bleiben bis an den jüngsten Tag."

Um 1600 hatte die Weinanbaufläche in Deutschland ihre größte Ausdehnung erreicht. Es wird angenommen, daß die Rebfläche zu dieser Zeit um das Vierfache größer war als heute. Sicherlich nicht zu unrecht bezeichnet der Weinhistoriker Bassermann-Jordan das 15. und 16. Jahrhundert als die „Haupt-Zechperiode des deutschen Volkes." Das Weintrinken spielte im täglichen Leben eine immer größere Rolle. In den vielen, allerorten aus dem Boden sprießenden Wirtshäusern, in den Weinschenken, den Ratskellern und Zunfthäusern der Städte wurde eifrig dafür gesorgt, daß die Weinmengen nicht verdunsteten. Der beliebte Witz vom Wirt, der selbst sein bester Gast ist, hat dementsprechend auch schon einen langen, weißen Bart; aus dem Jahre 1695 ist uns überliefert: „der Wirt der ist der aller best, dann er ist völler dann die gest!"

Jede Gelegenheit wurde zum Trinken genutzt. Es gab die vielfältigsten Trinkzeremonien, beispielsweise die verschiedenen Formen des Zutrinkens, den Willkommens- und den Abschiedstrunk; während der Arbeit wurde oft ein Morgen-, Mittag- und Abendtrunk gereicht, und viele Gehälter und Bezüge wurden gleich mit einer festgelegten Weinration, dem sogenannten Deputatwein, verbunden.

Allgemein setzte sich auch der „Weinkauf" durch, die Besiegelung eines Geschäftsabschlusses durch das gemeinsame Weintrinken der Geschäftspartner. Manche dieser Sitten haben sich bis heute erhalten.

Die Tatsache des Weintrinkens an sich ist weiter nicht erstaunlich, erstaunlich sind eher die ungeheuren Mengen an Wein, die getrunken wurden. Der Durchschnittsverbrauch an Wein pro Kopf und Jahr wird für die Zeit um 1600 auf 150 – 200 Liter geschätzt. (Regelrecht bescheiden nimmt sich dagegen die Zahl des Jahres 1984 aus; der Weinverbrauch in der Bundesrepublik Deutschland betrug in diesem Jahr pro Kopf 25,8 Liter. Bei dieser Gegenüberstellung bleiben allerdings die unterschiedlichen Zahlen für Schnaps- und Bierverbrauch unberücksichtigt). Zeugnisse für den immensen Weingenuß gibt es viele, zwei sollen angeführt werden:

Aus dem Jahre 1589 ist uns die Spitalordnung des Heiliggeist-Spitals in Überlingen am Bodensee überliefert, sie gesteht jedem Spitalinsassen ein tägliches Quantum von 4,5 Liter Wein zu; zum Wohl und Gesundheit!

Während die meisten zeitgenössischen Ärzte den Weingenuß empfahlen und seine vielfältigen gesundheitsfördernden Wirkungen priesen, gab es doch auch Leute, die versuchten, der übermäßigen Trinklust entgegen zu wirken. Markgraf Johann I. von Brandenburg erließ im Jahre 1540 eine Verordnung, mit der er die Trunksucht bekämpfen wollte. So sollte beispielsweise den Paten bei den Kindtaufen zukünftig nur noch ein Stehtrunk von einem halben Stübchen Wein oder Bier gereicht werden, das waren „nur noch" 2,4 Liter.

Eine zeitgenössische und sehr anschauliche Schilderung eines herrschaftlichen Festmahles bietet uns Hans Christoph von Grimmelshausen in seinem 1668 erschienenen „Simplicissimus": „Ich sahe einmal, daß diese Gäst die Trachten (= die aufgetragenen Speisen) fraßen wie die Säu, darauf soffen wie die Kühe, sich darbei stellten wie die Esel, und alle endlich kotzten wie die Gerberhund! Den edlen Hochheimer, Bacheracher und Klingenberger gossen sie mit kübelmäßigen Gläsern in Magen hinunder, welche ihre Würkungen gleich oben im Kopf verspüren ließen. Darauf sahe ich meinen Wunder, wie sich alles veränderte; nämlich verständige Leut, die kurz zuvor ihre fünf Sinn noch gesund beieinander gehabt, wie sie jetzt urplötzlich anfiengen närrisch zu tun und die alberste Ding von der Welt vorzubringen; die große Torheiten, die sie begiengen, und die große Trünk, die sie einander zubrachten, wurden je länger je größer, also daß es schiene, als ob diese beide um die Wett miteinander stritten, welches unter ihnen am größten wäre; zuletzt verkehrte sich ihr Kampf in eine unflätige Sauerei." Ehe man jedoch diese Weinseeligkeit moralisch bewertet und verurteilt, muß man bedenken, daß Wein neben Wasser wegen seiner Haltbarkeit jahrhundertelang das wichtigste Alltagsgetränk war und dies um so mehr werden mußte, je mehr im Mittelalter schlechte sanitäre Verhältnisse die Qualität des Wassers beeinträchtigten. Die Ausweitung der Weinbaukultur unter der Regie der Klöster und der Städte bis hinauf in den Norden Deutschlands wurde in den beiden vorangegangenen Kapiteln geschildert. In vielen deutschen Landstrichen bestimmte der Weinbau das Landschaftsbild und auch die Wirtschaft; die Ausweitung des Weinbaus war einhergegangen mit einem stetigen Anwachsen der Bevölkerung.

Trotz des ungezügelten Weingenusses hatte der deutsche Weinbau um 1600 seinen Zenit bereits überschritten. Die Ursachen für den Rückgang des Weinbaus reichen zurück ins 16. Jahrhundert. Wie bereits erwähnt, setzte zu dieser Zeit, allen Reorganisationsversuchen zum Trotz, schon der langsame Niedergang der Hanse ein.

Den Hansestädten erwuchs in dem aufstrebenden Handel der Engländer und Niederländer eine übermächtige Konkurrenz. Dem deutschen Wein als einem ihrer Exportschlager und damit auch dem deutschen Weinbau hatten die Kaufleute der Hanse mit der Einfuhr ausländischer Weine zuvor schon erheblichen Schaden zugefügt.

Deutschland selbst hatte sich nach dem Augsburger Religionsfrieden von 1555, der als eine Art Kompromißlösung die Auseinandersetzungen der Reformationszeit zu einem Ende brachte, zu einem Flickenteppich kleinerer Staaten unterschiedlicher Konfessionszugehörigkeit entwickelt. Den deutschen Fürsten wurde durch die in Augsburg erlassenen Gesetze eine weitgehende politische Eigenständigkeit zugestanden. Die Konfessionszugehörigkeit der einzelnen

„Duck dich Seel, es kompt ein grosser Platzregen". Zu dieser zeitgenössischen Darstellung erübrigt sich jeder Kommentar. (Archiv Brömserburg, Rüdesheim)

Territorien bestimmte der Landesherr kurzerhand selbst, seinem religiösen Bekenntnis hatten sich seine Untertanen anzuschließen. Der Friedensschluß von Augsburg hatte zwar die Religionskämpfe innerhalb des Reiches für einige Zeit beenden können, doch wurde nun mit seiner Verabschiedung der Verlust der Glaubenseinheit im Reich zur staatsrechtlichen Wirklichkeit:

Die konfessionellen Unterschiede zwischen den einzelnen Territorien waren festgeschrieben, und die Landesherren gewannen mehr und mehr an Macht.

Dies wirkte sich auch auf den Weinbau aus: In den Gebieten, die durch die Reformation beeinflußt worden waren, wurden die Klöster aufgehoben. Damit war die Weinbaukultur in diesen Territorien, denken wir an Kurpfalz, Württemberg oder Baden, wichtiger Stützen beraubt. In den geistlichen Erzstiften an der Mosel, dem Rhein und in Franken dagegen blieben die Klöster bestehen und entwickelten sich, wie wir noch sehen werden, zu den entscheidenden Keimzellen des deutschen Qualitätsweinbaus.

Auch der deutsche Weinhandel litt. Die unterschiedlichen territorialen Interessen der Landesherren machten eine einheitliche Reichshandelspolitik nicht mehr möglich. Die hohe Besteuerung des Weines und die ständig steigenden Zollabgaben auf den Handelswegen belasteten den Weinhandel. Mit ihrer Zollpolitik nahmen die Landesherren Einfluß auf die Entwicklung des Weinbaus, sie bestimmten den Weinhandel, den sie allein zu ihren Gunsten zu kontrollieren suchten. In guten Weinjahren erhöhten sie die Ausfuhrzölle, in schlechten Jahren dagegen die Einfuhrzölle.

Berechnungen haben gezeigt, daß sich bei einem Weintransport auf dem Teilabschnitt des Rheines von Mainz bis Koblenz der Preis der Weinladung durch das Zollzahlen beim Passieren der Zollstellen von Ehrenfels, Bacharach, Kaub, Boppard, Oberlahnstein und Koblenz schon um zwei Drittel verteuern mußte. Dies macht zugleich deutlich, welch lohnendes Geschäft der Weinhandel für die einzelnen Landesfürsten war, und wie wenig sie geneigt sein konnten, eine Änderung dieser Praxis herbeizuführen.

Diese Zollpraxis, die Konkurrenz und der Verlust wichtiger Zentren durch die Auflösung bedeutender Klöster führten den deutschen Weinbau in eine lang anhaltende Krise.

Zu all diesen Problemen gesellte sich dann auch noch der Dreißigjährige Krieg, der dem Weinbau in Deutschland einen schweren Schlag versetzte: Die religiösen Streitpunkte, die im Jahre 1618 den Dreißigjährigen Krieg ausgelöst hatten, sind im Verlauf der Auseinandersetzungen in den Hintergrund getreten. Der anfängliche Religionskrieg gipfelte in einer europaweiten Auseinandersetzung um die Macht; so kämpfte beispielsweise das katholische Frankreich des Kardinals Richelieu schließlich an der Seite der protestantischen Schweden. Frankreich trat erst 1635 aktiv in den Krieg ein, die Schweden unter ihrem König Gustav II. Adolf dagegen landeten schon im Sommer 1630 an der deutschen Ostseeküste.

Den Protestantismus wollte König Gustav Adolf schützen, zugleich aber auch die Machtstellung Schwedens festigen und ausweiten. Den Zug des schwedischen Heeres in Richtung Süden vermochte niemand aufzuhalten. Das kaiserliche Heer unter Tilly wurde am 17. November 1631 von den Schweden in der Schlacht bei Breitenfeld (Sachsen) vernichtend geschlagen. Der Widerstand der katholischen Liga in Norddeutschland war damit endgültig gebrochen, und die Schweden zogen weiter nach Süden; am 27. November hatte das Heer Gustav Adolfs dann den Main erreicht und die Stadt Frankfurt erobert. Nachdem der schwedische König 1632 in der Schlacht bei Lützen (zwischen Halle und Leipzig gelegen) im Kampf gegen die Truppen Wallensteins gefallen war, übernahm sein Reichskanzler Axel Oxenstjerna die Führung der schwedischen Armee. Seinem Namen begegnen wir in einem zeitgenössischen Kinderreim, der die Schrecken des Krieges und die Angst der Menschen in wenige Worte faßt:

RUSTICI PALATINI

Dieses Pfälzer Winzerpaar, ein Holzschnitt von Johannes Piscator aus dem Jahre 1630, findet man am Rande einer Landkarte der Kurpfalz im Dreißigjährigen Krieg. (Archiv-Verlag, Braunschweig)

„Bet, Kinder, bet, – Morgen kommt der Schwed, – Morgen kommt der Oxenstern, – der wird die Kinder beten lern!" Das kriegerische Hin und Her konnte erst mit dem Abschluß des „Westfälischen Friedens" im Jahre 1648 beendet werden.

Was hatte dieser Krieg angerichtet? Weite Teile Deutschlands waren von den Ereignissen des Dreißigjährigen Krieges betroffen, für viele Menschen spielte sich der Krieg unmittelbar vor der eigenen Haustür ab. Die großen Landsknechtsheere quälten und mordeten die Bevölkerung und verwüsteten das Land. Im „Simplicissimus" schildert Grimmelshausen den schwedischen Überfall auf ein Gut im Spessart. Grimmelshausen, der die Schrecken dieses Krieges am eigenen Leib erfahren mußte, zeichnet ein literarisches Bild der Grausamkeiten, die die Menschen erdulden mußten. Dieser Bericht wird gerne zitiert wegen der Erwähnung des sogenannten „Schwedentrunks", einer vergleichsweise harmlosen Schandtat der schwedischen Landsknechte. Grimmelshausen läßt seinen Simplicissimus berichten: „ Den Knecht

Der Würzburger Schwedeneinfall.

legten sie gebunden auf die Erd, stecketen ihm ein Sperrholz ins Maul und schütteten ihm einen Melkkübel voll garstig Mistlachenwasser in Leib: das nenneten sie ein Schwedischen Trunk."

Einem solchen Schwedentrunk zogen die Franken doch lieber ihren eigenen Wein vor. Die Schrecken einer drohenden schwedischen Invasion vor Augen, hatten die Würzburger eine grandiose Idee: Das Weinjahr 1540 muß ein ganz besonders gutes Jahr gewesen sein; zweimal hatte man im Jahre 1540 Trauben ernten können, die Trauben, die nach der ersten Lese Ende Juli (!) vertrocknet am Stock hingen, quollen im ersten Herbstregen wieder auf, und die Winzer schwärmten aus in ihre Weinberge zu einer zweiten Traubenlese. Nach diesem heißen und trockenen Sommer war, so wird es uns in verschiedenen Chroniken bestätigt, Wasser an vielen Orten begehrter und teurer als Wein. Ein Faß dieses hervorragenden 1540er Weines hatte der damalige Würzburger Fürstbischof besonders verwahren lassen. Dieses Faß voller Wunderwein vergruben die Würzburger nun und konnten es dadurch über den Dreißigjährigen Krieg retten; durstige Schweden und andere aggressive Weinfreunde hatten das Nachsehen …

Aus der ersten Hälfte des 19. Jahrhundert stammt dieser Stich, der die Weinlese in der heutigen Weinbergslage „Würzburger Kirchgarten" zeigt. Im Hintergrund die Stadtansicht von Würzburg. (Archiv-Verlag, Braunschweig)

Der Krieg zerstörte das Land und so auch viele Weinberge. Doch wäre es zu einfach, daraus den Schluß zu ziehen, allein die Verwüstung der Weinberge habe den deutschen Weinbau in weiten Teilen des Landes zerstört. Diese Schäden wären reparabel gewesen, denn auch schon in anderen Kriegen waren Weinberge zerstört und wieder angelegt worden. Die Zerstörungen des Dreißigjährigen Krieges aber trafen in der ersten Hälfte des 17. Jahrhunderts auf eine bereits angeschlagene deutsche Weinbaukultur. Der Weinbau konnte sich daher in vielen Gegenden Deutschlands von den direkten und indirekten Folgen dieses Krieges nie mehr ganz erholen. Seinen größten Einbruch erlitt der Weinbau in Nord-, Ost- und

Mitteldeutschland, sowie in Altbayern; in einigen dieser Gebiete wurde die Weinwirtschaft schon damals ganz aufgegeben. Mit der Zeit ging der Weinbau etwa bis auf die heutigen Weinanbaugebiete zurück.

Landschaften, Dörfer und Städte waren zerstört; die Bevölkerung war nach Beendigung des Krieges um mehr als ein Drittel reduziert und betrug nur noch 10 – 12 Millionen. Dabei nahm die Landbevölkerung stärker ab, etwa um 40 %, als die Stadtbevölkerung, die etwa um 30 % abnahm. Ein Teil der Bevölkerungsabnahme war auch auf die Pest zurückzuführen. Zwischen 1350 und 1700 war die Pest in Europa eine stehende Seuche, was bedeutet, daß es in jedem Jahrhundert zum Ausbruch dieser Epidemie kam. Insgesamt starben an dieser Seuche 80 – 90 % der Befallenen. Der gefährliche Bazillus befällt zuerst Ratten und andere Nagetiere und wird dann durch Flöhe auf den Menschen übertragen. Im 17. Jahrhundert wurde Europa ganz besonders stark von der Pest und anderen Seuchen heimgesucht. Im Verlauf des Dreißigjährigen Krieges brachen in vielen Landstrichen Seuchen aus. Seuchenherde bildeten sich, oft traten Hungersnöte auf, die mit den Epidemien einhergingen.

Für den Weinbau ergab sich am Ende des Dreißigjährigen Krieges folgende Situation. Der Wirtschaft fehlte es an Arbeitsflächen, an landwirtschaftlichen Nutzflächen und an Arbeitsgebäuden. Darunter litt besonders der Weinbau als arbeitsintensive Kultur. Viele seiner Absatzmärkte waren verschwunden und sowohl die Verarmung, als auch der Rückgang der Bevölkerung drückten natürlich den Weinkonsum. Das heißt jedoch nicht, daß der Bedarf an Wein von den Winzern ausreichend befriedigt werden konnte. Durch die Verwüstungen der Anbaufläche und die im Verhältnis zur Stadtbevölkerung stärkere Abnahme der Landbevölkerung war der Weinbau so stark geschädigt, daß er auch den niedriger gewordenen Bedarf nicht mehr decken konnte; dies schon gar nicht mehr, als gegen Ende des 17. Jahrhunderts die Bevölkerungszahl wieder anstieg.

Wie ich im nächsten Kapitel zeigen werde, wirkte sich dieses Mißverhältnis zwischen Angebot und Nachfrage auf den Qualitätsweinbau ungünstig aus.

Der Aufbruch zur Qualität – das 18. Jahrhundert

*N*ach dem düsteren Verlauf des 17. Jahrhunderts stand das 18. Jahrhundert, zumindest was den Wein betrifft, unter dem guten Stern des sich entwickelnden Qualitätsweinbaues. Der Weg hin zum Qualitätsweinbau aber war weit und mühsam.

Im Mittelalter fehlte noch weitgehend das Qualitätsbewußtsein im Weinbau. Reben, die viele Trauben trugen und viel Wein erbrachten, wurden den Reben vorgezogen, die zwar nicht so viele Trauben trugen, dafür aber guten Wein brachten. Traubensorten unterschiedlicher Qualität wurden zusammen gekeltert. Gute und schlechte Weine wurden gemischt und auf Jahrgangstreue wurde nicht geachtet. Bezeichnend für das geringe Qualitätsbewußtsein der damaligen Zeit ist der Umstand, daß es für die qualitative Charakterisierung eines Weines überhaupt nur zwei Begriffe gab. Sie können als Sammelbegriffe bezeichnet werden. Eine differenzierte Einordnung der Weine nach Qualitätsstufen war damit nicht möglich.

Man unterschied zwischen dem „vinum hunicum", dem huntschen oder hunnischen Wein, und dem „vinum francicum", dem frentzen oder fränkischen Wein.

Die hl. Hildegard (1098 – 1179) erläutert den Unterschied: den fränkischen Wein müsse man mit Wasser verdünnen, da er

Stürme im Blut entfache, der hunnische Wein sei dagegen von Natur aus wässerig.

Die Begriffe „hunnisch" und „fränkisch" bezeichnen also weder bestimmte Rebsorten noch die Farbe der Weine, sondern deren Qualität.

Es gab zwar die sogenannte Heunisch- oder Hunnenrebe, doch wurden nicht nur die von ihr gewonnenen Weine, sondern ganz allgemein Weine geringerer Qualität als „hunnische" Weine bezeichnet. Die qualitativ besseren Weine dagegen wurden „fränkische" Weine genannt. An dem Versuch einer etymologischen Deutung der beiden Begriffe haben sich schon viele Historiker die Zähne ausgebissen … meine Zähne brauche ich noch. Diese beiden Begriffe sind eigentlich auch schon alles, was man zum Thema Qualitätsweinbau im Mittelalter anführen kann. Warum, so fragt man sich da natürlich, haben sich die Weinbauern nicht um eine bessere Qualität ihrer Weine bemüht? Im wesentlichen gab es wohl drei Gründe, die für das geringe Qualitätsbewußtsein in der Rebkultur vor dem 18. Jahrhundert ausschlaggebend waren: der große Bedarf an Wein, die Möglichkeit einer nachträglichen Verbesserung der Weinqualität und, vor allem im 17. Jahrhundert, eine drastische Verminderung des Angebotes.

Die hl. Hildegard (1098–1179) an ihrem Schreibpult. (Breindl: Das große Gesundheitsbuch der Hl. Hildegard von Bingen. Pattloch Verlag, Augsburg)

Der große Weinbedarf ergab sich aus der Tatsache, daß der Wein *das* Getränk im täglichen Leben war. Diese Tatsache wiederum resultierte, wie in früheren Kapiteln bereits angemerkt, aus dem Zustand des Trinkwassers, das damals vor allem in den Städten infolge völlig unzureichender sanitärer Verhältnisse oft in einem miserablen Zustand war. Von den sanitären Verhältnissen in einer mittelalterlichen Stadt kann man sich leicht eine Vorstellung machen, wenn man weiß, daß Brunnen und Abtritte damals häufig sehr nahe beieinander lagen. Zudem waren z. B. in Nürnberg die Abortgruben bis zu 6 Meter, die Brunnen bis zu 12 Meter tief. Mit einem Eindringen der Jauche in den Brunnen war daher immer zu rechnen.

Wenn aber ein großer Bedarf an einer Ware besteht, führt dies, sofern keine Kontrollen eingerichtet sind, in der Regel dazu, daß auf die Qualität der Ware nicht so sehr geachtet wird. Der Erzeuger kann seine Ware vermarkten, auch wenn sie keinem besonderen Qualitätsstandard entspricht, und Wein war in jedem Fall besser als verseuchtes Wasser.

Der Vorrang der Quantität vor der Qualität wurde damals noch dadurch begünstigt, daß auch die Verbraucher an der Qualität des Weines nicht übermäßig interessiert waren. Sie hatten Mittel, wie Gewürze und Honig, mit denen sie den Geschmack des Weins beeinflussen konnten, und wendeten diese Mittel auch an.

Im 17. Jahrhundert wurde die Situation im Weinbau dadurch besonders schwierig, daß nach den im vorigen Kapitel angesprochenen Verwüstungen weiter Anbauflächen durch den Dreißigjährigen Krieg das Verhältnis zwischen Angebot und Nachfrage empfindlich gestört war. Die Winzer konnten sich, wenn sie den Bedarf einigermaßen befriedigen wollten, nicht mit Qualitätsüberlegungen aufhalten. Sie mußten auf reichtragende Rebsorten zurückgreifen, um möglichst schnell wieder eine große Menge Weines anbieten zu können.

Einen Beleg für den Vorrang der Quantität können wir auch darin sehen, daß es den Winzern vor diesem weinwirtschaftlichen Hintergrund oft nicht gelang, ein vernünftiges Gleichgewicht zwischen Ackerbau und Weinbau zu wahren.

Die Herstellung der Weinfässer, ein Küfer bei seiner Arbeit. Holländischer Kupferstich, Anfang des 18. Jhdt. (Archiv Brömserburg, Rüdesheim)

Zahlreiche Winzer suchten, den hohen Weinkonsum und die verlockenden Gewinnmöglichkeiten vor Augen, ihr Heil ausschließlich im Weinanbau und gaben dafür den Anbau von Getreide oder die Viehzucht einfach auf. Diese Vernachlässigung der Selbstversorgung mit Grundnahrungsmitteln rächte sich in schlechten Wein-Zeiten in vielen Weinanbaugebieten bitter.

Im sogenannten Viertälergebiet bei Bacharach am oberen Mittelrhein beispielsweise kamen die Winzer im ganzen 18. Jahrhundert wirtschaftlich nicht mehr auf einen grünen Zweig. Sie hatten an einem unrentabel gewordenen Weinbau als ihrem einzigen Wirtschaftsziel festgehalten, ohne sich rechtzeitig nach anderen einträglicheren Nebenerwerbsmöglichkeiten umzusehen. Die Gefahren eines als Monokultur betriebenen Weinbaus erkannte man nicht erst im 18. Jahrhundert, doch die Versuche, den Rebanbau zu beschränken, waren Einzelaktionen: Im Jahre 1554, um ein Beispiel zu nennen, verbot Herzog Christoph von Württemberg mit einem Generalerlaß die Umwandlung von gutem Acker- und Waldboden in Weinberge; außerdem machte er die Besetzung öder Plätze mit Weinreben genehmigungspflichtig.

Dies alles soll nun nicht heißen, man habe in früheren Zeiten auf Qualität überhaupt keinen Wert gelegt. Die Vorliebe für einen guten Wein ist nicht erst eine „Erfindung" sensibler Weinzungen des 18. Jahrhunderts. Schon Karl der Große hat, wie wir im zweiten Kapitel gesehen haben, den besseren Wein für sich und seinen Hof reservieren lassen, also durchaus Qualitätsbewußtsein gezeigt. Doch die Voraussetzungen für eine Ausbildung des Qualitätsweinbaus in Deutschland waren erst am Ende des 17. Jahrhunderts gegeben. Mit dem Aufkommen alternativer Getränke zum Wein, denken wir vor allem an Bier, das zu dieser Zeit endlich haltbar gebraut werden konnte, und Tee, später dann auch Kaffee und Kakao, veränderte sich das Trinkverhalten. Wein war nicht mehr länger in erster Linie Nahrungsmittel, sondern entwickelte sich mehr und mehr zu einem Genußmittel und mußte sich hinsichtlich des Geschmacks einer immer größer werdenden Konkurrenz anderer Getränke stellen. Qualität war jetzt gefragt. Die Geschichte des Qualitätsweinbaus spiegelt sich in der Geschichte der Rebsorten. Im Qualitätsweinbau kommt es zunächst darauf an, die Rebsorte zu wählen, die mit den Bodenverhältnissen und den klimatischen Gegebenheiten des jeweiligen Weinanbaugebietes am besten harmoniert. Die gezielte Auswahl besserer Rebsorten ist daher ein erster Indikator für die Bemühungen um eine Verbesserung der Weinqualität. Was diese Auswahl anbelangt, hat man sich vor dem 18. Jahrhundert vor Eifer nicht gerade überschlagen.

Es würde zu weit führen, hier nun die Entwicklung der Rebsorten im Qualitätsweinbau nachzuzeichnen. Ich beschränke mich daher auf die Darstellung einer beispielhaften Entwicklung, die in der Auseinandersetzung zwischen Kleinberger und Riesling gegeben ist. Ich wähle diese Auseinandersetzung, weil sie für viele deutsche Anbaugebiete typisch ist. Der Kleinberger, auch Elbling genannt, war die beliebteste Rebe des Mittelalters und der frühen Neuzeit. Allgemein wird gerne behauptet, die Römer hätten den Kleinberger in ihre germanischen Provinzen gebracht, doch läßt sich das nicht nachweisen. Der Kleinberger liefert Masse statt Klasse, läßt dafür den Winzer aber auch in schlechteren Weinjahren nicht mit leeren Händen im Regen stehen. Besonders große Haltbarkeit entwickelt der Kleinberger zwar nicht, doch genügte sie den Anforderungen, solange der Weinkonsum in Deutschland sehr hoch war.

Der Riesling ist, um es etwas pathetisch zu formulieren, die Rebe der Deutschen. Das deutsche Rieslinganbaugebiet umfaßt ca. 20 000 Hektar (Stand 1990) und ist damit das größte der Welt. Der Riesling gilt als die edelste Weißweinrebe; über seine Herkunft wird ebenfalls gerätselt. Die Rebsortenfachleute, die Ampelographen, vermuten, daß er aus einer rheinischen Ur- oder Wildrebe entstanden ist. Der Rhein mit seinen Nebenflüssen, allen voran natürlich der Mosel, ist aufgrund der klimatischen Voraussetzungen auch das ideale Anbaugebiet für den Riesling.

In diesen nördlicheren Anbaugebieten ist die Sonnenein-strahlung nicht so intensiv und die Temperatur nicht so hoch wie in südlicheren Weinbaugegenden; das kommt der langen Reifezeit des Rieslings entgegen und gewährt ihm die zur Aus-bildung seiner Fruchtsäure und seines Aromas erforderliche Zeit.

Die Erstnennung des Rieslings fällt in das Jahr 1435. Am 13. März 1435 vermerkt der Verwalter der sich im Besitz der Katzenelnbogener Grafen befindlichen Burg zu Rüsselsheim in einer Kellereirechnung den Kauf von Pflanz-reben der Sorte Riesling:

Hess. Staatsarchiv Marburg Samtarchiv Nachtr. K. Akten, Bd. 16

(*„Item 22 Solidi [Münzeinheit] umb Setzreben rießlingen in die wingarten.“*)

Den ersten Beleg für einen bestehenden Rieslingweinberg bezeugt uns eine Wormser Urkunde des Jahres 1490; hier wird im Rahmen eines Rechtsgeschäftes neben anderen Grund-stücken auch ein Rieslingweinberg als Sicherheit aufgeführt: „Item funff virteil wingart ist Rußlinge hinder kirßgarten.“ (Das sind nach Staab 0,47 Hektar)
In der Regel standen in einem Weinberg verschiedene Rebsor-ten im Mischsatz nebeneinander. Seit dem 15. Jahrhundert belegen uns Quellen die vereinzelten Versuche, den Anbau besserer Reben zu fördern.
So vergab das Zisterzienserkloster Bebenhausen (Württem-berg) in der Mitte des 15. Jahrhunderts Weinberge an Stuttgar-ter Bürger in Viertelpacht und schrieb ihnen vor, nur ein Drittel der gepachteten Anbaufläche mit Kleinberger zu bepflanzen, die übrigen zwei Drittel aber mit „gesund frensch und traminer stöcken.“
Schon im Jahre 1552 bezeugt uns Hieronymus Bock die Ver-breitung des Rieslings. In seinem Kräuterbuch schreibt er: „Ad Mosellam, Rhenum et in agro Wormatiensi vites pro-creantur Riesling appellate“. Die Übersetzung aus dem Jahre 1577 macht aus der Schreibweise Riesling, wie wir sie heute kennen, „Rißling“: „Rißling wachsen an der Mosel, Rhein und im Wormbser gaw (Wormsgau).“

Mit Hilfe herrschaftlicher Erlasse und Anbauvorschriften haben viele Landesherren oder andere Besitzer umfangreicher Rebflächen versucht, die Qualität ihrer Weine zu verbessern. Im Jahre 1602 wies das Mainzer St. Stephanstift seine Pächter in Schierstein (Wiesbaden) an, alle abgestorbenen Rebstöcke durch „Rußlingsreiflinge" (Wurzelreben) zu ersetzen sowie alle wüsten Plätze und Lücken innerhalb von vier Jahren mit Rieslingreben zu besetzen.

Im 17. Jahrhundert stoßen wir dann vermehrt auf Quellen, die uns den beginnenden Kampf, wenn man es so nennen möchte, zwischen Kleinberger und Riesling bezeugen. Die Binger beispielsweise machten sich Gedanken über die Qualität ihres Weines: der „weise Rath" der Stadt Bingen empfahl im Jahre 1643 den verstärkten Rieslinganbau; der „Cleineberger" habe den Binger Wein „in Veracht" gebracht. An vielen Orten wurde der Wert des Rieslings bis ins 18. Jahrhundert hinein noch nicht erkannt, schuld daran waren nicht zuletzt die Lesegewohnheiten. Damit sie die Erhebung ihrer Abgaben besser kontrollieren konnten, waren viele Grundherren darauf bedacht, die Weinlese ohne Unterbrechung durchführen zu lassen. Der Lesebeginn orientierte sich an der Rebsorte, deren Trauben am frühesten reif waren, dem Kleinberger. Der Riesling, aber auch andere Rebsorten, die zu diesem Zeitpunkt noch nicht voll ausgereift waren, wurden kurzerhand mitgelesen und blieben so natürlich unter ihren eigentlichen Möglichkeiten. Erst im Verlauf des 18. Jahrhunderts änderte sich das und der Riesling wurde zu einer wirklichen Konkurrenz für den Kleinberger.

Seinen Durchbruch verdankt der Riesling den Klöstern. Die Klöster bildeten die Zentren des Qualitätsweinbaus. Sie verfügten über ausgedehnte Rebflächen und waren auch nicht mit erdrückenden Abgaben belastet. Sie konnten sich, um es salopp auszudrücken, ein Qualitätsbewußtsein eher leisten als der einfache Winzer. Ein wesentliches Kapitel der Geschichte des Qualitätsweinbaus im 18. Jahrhundert schrieb das Kloster Johannisberg im Rheingau. Hier kam es im Jahre 1775 zur Entdeckung der Edelfäule und des Wertes der Spätlese. Mit der Unterstützung des Mainzer Erzbischofs hatten die Benediktiner 1106 – 1108 auf dem Johannisberg ein Kloster gegründet. Während das Zisterzienserkloster Eberbach schon im späten Mittelalter die zentrale Rolle bei der Ausbildung der Rheingauer Weinkultur spielte, erreichte das Kloster Johannisberg auf dem Gebiet der Weinwirtschaft erst in der Neuzeit seinen entscheidenden Einfluß, nachdem das Kloster und der Johannisberg in den Besitz der Fuldaer Benediktinerfürstabtei übergegangen waren. Ein Vertrag, den der Mainzer Erzbischof Lothar von Schönborn und der Fuldaer Fürstabt Konstantin von Buttlar am 20. Juni 1716 unterzeichnet haben, regelte diesen Übergang. Unter der Führung der Fürstäbte von Fulda, die ab 1752 zugleich Fürstbischöfe von Fulda waren, wurde das Johannisberger Schloß errichtet und der konsequente Ausbau des klösterlichen Weinbaubetriebes in Angriff genommen. Mehr als die Hälfte aller klösterlichen Weinberge sind in den ersten fünf Jahren

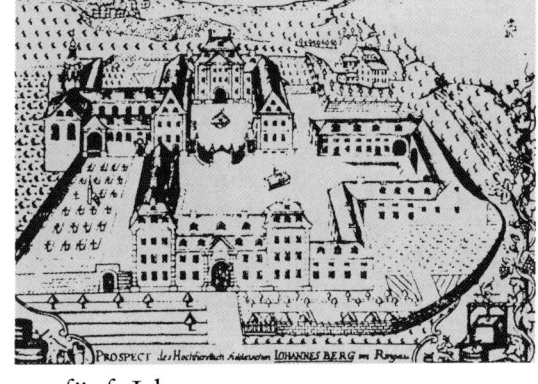

Das Schloß Johannisberg im Rheingau von Norden zur fuldischen Zeit. Kupferstich Mitte des 18. Jahrhunderts.

(1716–1721) der fuldischen Herrschaft neu angelegt worden. Darüber hinaus wurde die Anbaufläche durch Rodungen weiter ausgedehnt. Die Fuldaer Fürstbischöfe beschäftigten auf dem Johannisberg einen Kellner, der der Wirtschaftsverwaltung des Klosters vorstand. Eine Aufgabe des Johannisberger Kellners war es, sich vor der alljährlichen Traubenlese die Leseerlaubnis in Fulda einzuholen. Zu diesem Zweck hat man einen Kurier von Johannisberg nach Fulda geschickt, der eine Probe der Trauben überbrachte. Der Traubenkurier ist historisch belegt, bis vor kurzem wußte man allerdings nicht, warum der Kurier im Jahre 1775 mit der Leseerlaubnis 14 Tage später als gewöhnlich wieder auf dem Johannisberg eintraf.

Nachdem nun meine Abenteuer veröffentlicht wurden, ist der Weingeschichte auch dieses letzte Geheimnis entrissen worden, das sich um die Entdeckung der Spätlese rankte. Die Rheingauer Winzer hielten sich an die alte Weinbauernregel „Galles – schaff haam alles" und waren immer darum bemüht, schon am Gallustag, dem 16. Oktober, die Lese beendet zu haben. Ein späteres Lesen war in unseren Breitengraden nicht üblich, da die Winzer den Fäulnisbefall der Trauben fürchteten. Erst die Entdeckung der Edelfäule sollte dies ändern.

Die zweiwöchige Verspätung des Johannisberger Traubenkuriers war die Voraussetzung für diese Entdeckung. Da man im klösterlichen Weingut auf die Leseerlaubnis aus Fulda warten mußte und nicht wie alle anderen Winzer die Trauben schon vor dem Gallustag „haamgeschafft" hatte, war es dem die Edelfäule erregenden Pilz, der Botrytis cinerea, möglich, sich in aller Ruhe auf den Trauben auszubreiten. Begünstigt wurde die Bildung der Edelfäule durch die bis ins Spätjahr hinein trocken-warme Witterung des Jahres 1775.

Gleichzeitig begünstigte auch der mittlerweile schon sehr stark ausgedehnte Rieslingbesatz in den Weinbergen des Klostergutes die Bildung der Edelfäule, denn die Botrytis cinerea bildet sich besonders gut auf der Rieslingtraube.

Das Gut Johannisberg gilt als das erste geschlossene Rieslingweingut überhaupt. Die Aktivitäten der Fürstäbte in den Jahren 1717–1721 habe ich bereits angesprochen. In den Jahren 1719 und 1720 hatten sie 38 500 Rieslingreben, insgesamt ca. 5 Hektar, anpflanzen lassen und haben dann aufgrund der guten Ernteerträge den Ausbau der Rieslingweinberge in den darauffolgenden Jahrzehnten vorangetrieben.

Das Ergebnis der 1775er Lese auf dem Johannisberg überraschte nicht nur den Kellner Engert. Im Frühjahr 1776 schrieb Engert, der junge Wein fände unter Kennern viel Beifall und veranlasse jeden zu dem Ausspruch: „Solchen Wein habe ich noch nicht in den Mund gebracht."

Die „Spätlese" machte deutlich, wie weit der Riesling hinsichtlich der Qualität dem Kleinberger überlegen war. Die Geschichte des „Kampfes" zwischen Kleinberger und Riesling zeigt aber auch, daß im Qualitätsweinbau häufig nicht eine Maßnahme (Wahl der richtigen Rebsorte) allein, sondern eine Kombination von Maßnahmen (Rebsortenwahl und Wahl des richtigen Lesetermins) zum Erfolg führen.

Es sollte noch viele Jahre dauern, bis sich das späte Lesen im Rheingau und in anderen deutschen Weinanbaugebieten durchsetzen konnte. Vergeblich hat Engert versucht, die Rheingauer Winzer dazu zu bewegen, den Gallustag doch Gallustag sein zu lassen und das späte Lesen zu versuchen. Das Risiko war den Winzern zu hoch.

Pater Anselm entdeckt bei anatomischen Studien
mit führenden zeitgenössischen Weinfachleuten
durch Zufall den Qualitätsweinbau.

So war es zunächst allein das klösterliche Weingut auf dem Johannisberg, das die Spätlese praktizierte und auch „das Spätlesen zum Gesetze gemacht" hat, wie es der Mainzer Hofkammersekretär Degenhard im Jahre 1787 in seinen Akten vermerkt hat.

Man versuchte nun in jedem Herbst, den Beginn der Lese möglichst weit hinauszuzögern, um die Bildung der Edelfäule zu begünstigen. Das klösterliche Weingut Johannisberg gilt aus diesem Grund als Geburtsort fast aller Prädikatsweine, der Spätlese, der Auslese, der Beerenauslese und der Trockenbeerenauslese, deren Entstehung letztlich auf die Ereignisse des Jahres 1775 zurückgeführt werden kann. Eine besonders späte Lese bringt neben kalten Fingern den Eiswein, für den aus dem Jahre 1858 eine erste ausführliche Lesebeschreibung vorliegt, die auf Schloß Johannisberg verfaßt wurde.

Anders als die erwähnten Prädikatsbezeichnungen hat die Bezeichnung „Kabinett" nichts mit dem Zeitpunkt und der Art der Lese zu tun, sondern geht zurück auf die Einlagerung besonders guter Weine im sogenannten „Cabinetkeller". Ein „Weincabinet" und einen „Cabinetkeller" bezeugen uns Urkunden von Schloß Vollrads (Rheingau) und Kloster Eberbach für die Jahre 1728 und 1730. Eng verbunden mit dem Qualitätsweinbau ist die Verbesserung der Kellerwirtschaft, die ich hier nicht ausführlich behandeln kann. Stattdessen will ich exkursartig ein Beispiel für die Leistungsfähigkeit einer modernen Kellerwirtschaft anführen, die Herstellung des

Schaumweines, denn Champagner und Sekt sind ein besonders prickelndes Ergebnis der Qualitätsweinentwicklung.

Die Entwicklung vom einfachen schäumenden Wein zum Champagner und Sekt hat sich in drei Stufen vollzogen: Die erste Stufe setzte um 1600 mit dem Beginn des Verkorkens von Flaschen ein.

Die winterliche Abkühlung im Keller bewirkt, daß im gärenden Wein gelegentlich der Zuckerabbau zu Alkohol und Kohlensäure unvollständig verläuft; der Wein bleibt in der Gärung „stecken". Wenn man den Wein, ohne dies zu beachten, ein paar Monate später auf Flaschen füllt, aktiviert die Frühlingswärme die Hefe und eine Nachgärung setzt ein. Man erhält einen „vin mousseux", einen schwach schäumenden Wein, den man eher als Perlwein bezeichnen kann. Dieser „vin mousseux" wurde zufällig in England entdeckt, nachdem man begonnen hatte, Flaschen mit Korkstopfen fest zu verschließen.

Die Engländer bezogen ihren Wein in Fässern aus Frankreich. Sie füllten ihn auf Flaschen und verkorkten ihn. Die durch die Nachgärung entstehende Kohlensäure konnte aus der Flasche nicht mehr entweichen, wie früher aus dem Faß. Der entstehende Druck war aber zu schwach, um die Flaschen zum Platzen zu bringen. Deshalb zeigte sich die Kohlensäure im Glas und bescherte so den Engländern „vin mousseux", den sie „sparkling wine" nannten.

Um 1660 scheint dieser „sparkling wine" erstmals in England bewußt getrunken worden zu sein, wie uns literarisch bezeugt ist.

Um das Jahr 1730 etwa begann die zweite Stufe: Um eines stärkeren Schäumens willen und in Erwartung einer „Explosion" und eines alle Abendgesellschaften erheiternden Korkenfliegens begann man, den Wein schon auf Flaschen zu füllen, während sich dieser noch mitten in der ersten Gärung befand.

Diese sogenannte „methode rurale", die ländliche Methode, führte zu einem starken Flaschenbruch, da der entstehende Druck damals noch nicht berechnet werden konnte. Noch heute wird die „methode rurale", auch „Asti-Verfahren" genannt, in einigen europäischen Weinanbaugebieten praktiziert. Heute kann man den Druckaufbau im Gärtank berechnen und entsprechend regulieren.

Die dritte Stufe der Entwicklung war die Umstellung von der „methode rurale" zur Flaschengärung. Im stillen Wein wird durch einen Hefe- und Zuckerzusatz eine neue, eine zweite Gärung hervorgerufen. Champagner oder Sekt in der heutigen Form erhält man erst durch diese zweite Gärung. Einem Deutschen, dem Apotheker und Chemiker J. M. J. Funcke aus Linz am Rhein, verdanken wir die erste Nachricht über die beabsichtigte zweite Gärung. 1811 hat Funcke den Zusatz von Zucker bei der Flaschenfüllung schriftlich geschildert; jedoch nicht, um hier ein neues Verfahren der Schaumweinherstellung vorzustellen, sondern vielmehr als eine Art Notbehelf, um auch solche Weine zur weiteren Gärung zu bewegen, die schon stark vergoren sind und ihren Zucker bereits aufgebraucht haben. In welchem Umfang dieses neue Verfahren in den französischen und deutschen Kellereien genutzt wurde, ist unbekannt. Doch stand die „methode rurale" wohl auch weiterhin im Vordergrund, denn, so Arntz (1987), bei „der Anwendung der zweiten Gärung tat man sich schwer, da Zuckerzusatz zu Weinen, die selbst noch Zucker hatten, mehr den Flaschenbruch als die zweite Gärung beförderte."

Ein Apparat der Firma Seitz zum Degorgieren des Sektes (Anfang des 20. Jhdts.) neben einem sogenannten Rüttelpult. Beim Degorgieren wird der durch das Rütteln der Flaschen auf den Pfropfen gesammelte Trub aus der Flasche entfernt, bevor diese dann endgültig verkorkt wird. (v. Babo/Mach: Handbuch des Weinbaus und der Kellerwirtschaft. 2. Bd., ⁵1921)

Häufig wird die Entdeckung des Schaumweins dem Klosterschaffner von Hautvillers (Champagne), Dom Pierre Perignon (1638–1715), zugeschrieben. Die neuere Forschung hat jedoch gezeigt, daß sich diese Auffassung nicht aufrecht erhalten läßt. So schreibt Arntz: „Dom Pierre Perignon, dem die stillen Weine der Champagne ihren hohen Ruf verdanken, schied im Jahr 1715 von dieser Erde; am „Champagner" könnte er also ohnehin nicht beteiligt gewesen sein." Dom Perignon hat jedoch mit den Änderungen, die er in der Kellerwirtschaft einführte, die Grundlagen für die Herstellung des Schaumweins gelegt. Er war einer der ersten, die mit Korkverschlüssen arbeiteten, und stellte als erster durch Verschneiden von Weinen verschiedener Herkunft eine Cuvée her. Man könnte ihn also als einen Grundlagenforscher in Sachen Champagner und Sekt bezeichnen.

Der Zusatz von Zucker allein löst beim Wein noch nicht die zweite Gärung aus. Erst mit einer Beigabe von Hefe setzt diese Gärung ein. Ohne diese Zusammenhänge zu kennen, löste man in der Zeit vor Louis Pasteur dieses Problem etwas unfreiwillig dadurch, daß man den Weinen, damit sie gärten, Jungwein oder Most beigab und ihnen so auch die notwendige Hefe zuführte, die im Most vorhanden ist. Füllzusätze, wie sie heute bei der Sekt- und Champagnerbereitung des 20. Jahrhunderts verwandt werden, basieren wohl auf den Erkenntnissen von Pasteur um 1860 über die Natur der Hefe. Das Wissen um die Funktion der Hefe bei der zweiten Gärung war nämlich die Voraussetzung für die gezielte Züchtung von Reinzuchthefen, die in den modernen Füllzusätzen enthalten sind; Reinzuchthefen für Wein wurden erstmals 1894 in Geisenheim und 1895 in Epernay gezüchtet.

Der Wein in der Literatur

er Wein erfreut des Menschen Herz. So steht es in den Psalmen. Er labt die Seele und erfrischt das Gemüt. Sein lebendiger Duft und sein vielfältiger Geschmack erregen die Phantasie. Seine Kraft erhebt die Gedanken, und seine Heiterkeit löst die Zunge. „... und deshalb", sagt Pater Anselm, „ist er das Getränk der Dichter". Ob er aber gesagt hat „das wahre Getränk der Dichter" oder „das Getränk der wahren Dichter", weiß ich nicht mehr, und er lächelt nur, wenn ich ihn darum befrage.

Wein ist auch die richtige Gabe für Sänger und Dichter. So sagt es der geheime Legationsrat von Goethe in seiner Ballade „Der Sänger". Nachdem der Sänger eine goldene Kette als Dank für sein Lied abgelehnt hat, sagt er:

„Doch darf ich bitten, bitt' ich eins:
Laß mir den besten Becher Weins
in purem Golde reichen."

Er setzt' ihn an, er trank ihn aus:
„O Trank voll süßer Labe!
O wohl dem hochbeglückten Haus,
wo das ist kleine Gabe!

Ergeht's euch wohl, so denkt an mich,
und danket Gott so warm, als ich
für diesen Trunk euch danke."

So ist der Wein in doppelter Hinsicht das Getränk der Dichter als Lohn und als „Labe", und seine Beziehung zur Literatur muß in einer Geschichte des Weines wenigstens erwähnt werden.

Die ganze Geschichte des Weines in der Literatur zu erzählen, das wäre zuviel für mein kleines Buch. Deshalb beschränke ich mich auf die Werke der Dichter, die mir gefallen und beginne so ziemlich am Anfang der abendländischen Literatur mit der „Homerischen Hymne auf Dionysos". „Dionysos, der Sohn des Zeus, Bakchos (Bachus), der Lärmende, wie er genannt wird, wird von Seeräubern gefangen, auf ein Schiff geschleppt und gefesselt. Da sie meinen, sie hätten ihn sicher verwahrt und die Segel setzen, rieselt plötzlich „süß zu trinkender Wein" durch das Schiff mit lieblichem Duft, und sie sehen, wie sich am Mast Weinreben emporranken voll Trauben. Dionysos verwandelt sich für sie in einen grausam schielenden Löwen, und in der Mitte des Schiffes sehen sie einen Bären. Von Furcht ergriffen stürzen sie sich ins Meer. Eintauchend in die leuchtende Salzflut werden sie zu Delphinen." Sehr schön sind in dieser Hymne die verschiedenen Wirkungen des Weines vom Wohlgeschmack und Duft über liebliche Vorstellungen bis zum erschreckenden Rausch geschildert. Damit ist eines der Grundthemen der Weinliteratur ausgeführt.

Pater Anselm, mein Lehrmeister und Ratgeber, zur Zeit Kellner auf dem Klostergut Johannisberg im Rheingau.

Eine der schönsten Weingeschichten steht in der Bibel, im Johannesevangelium. Es ist die Hochzeit zu Kana, auf der Jesus auf Bitten seiner Mutter Wasser in köstlichen Wein verwandelt, da den Gastgebern der Wein ausgegangen ist. Dort wird auch sehr lebensnah darauf aufmerksam gemacht, daß nach allzu reichlichem Genuß der Wohlgeschmack des Weines nicht mehr richtig wahrgenommen werden kann. Der Speisemeister, dem der Wein Jesu zum Kosten gebracht wird, sagt zum Bräutigam: „Jedermann setzt zuerst den guten Wein vor, und wenn die Gäste trunken sind, den geringeren. Du aber hast den guten Wein bis zuletzt aufgehoben."

Diese Geschichte der Hochzeit zu Kana, wie man sie auch immer deuten mag, straft alle Lügen, die das Christentum als eine weltfremde Entsagungsreligion bezeichnen. Sie zeigt, daß der Wein auch ein christliches Getränk ist.

Pater Anselm spricht oft von der Bedeutung des Weines als eines Getränkes der Erlösung:

Auf der einen Seite sieht er die Erlösung des altpersischen Dichters Omar Khajjam (etwa um 1030 – 1123), der seine Erlösung in der Auflösung des Verstandes durch den Rausch sucht und davon spricht, daß er Gut und Böse im Rausch vergessen will. Auf der anderen Seite sieht er die christliche Erlösung durch das Blut des Mensch gewordenen Gottes.

Dabei erinnert Pater Anselm immer auch an den Gral, das Urbild der heiligen Becher bis hin zu dem Becher, den der König in Thule ins Meer wirft:

„Es war ein König in Thule
gar treu bis an das Grab,
dem sterbend seine Buhle
einen goldnen Becher gab.“

Damit sind wir aber schon wieder bei Goethe. Das geht zu schnell, kommt aber davon, daß er, wie ich meine, dem Wein in der deutschen Literatur den ihm gebührenden Platz geschaffen hat.

Die Darstellung Walthers von der Vogelweide (etwa 1170 – 1230) in der „Großen Heidelberger Liederhandschrift“ (1. Hälfte des 14. Jhdts.), auch „Manessesche Liederhandschrift“ genannt. (Universitätsbibliothek Heidelberg, Handschriftenabteilung CPG 848, Folio 124r.)

Auch vor Goethe wurde der Wein in der deutschen Literatur behandelt, allerdings meist nur in Gedichten. Herr Walther von der Vogelweide, der bedeutendste Lyriker des deutschen Mittelalters, der von etwa 1170 – 1230 lebte und in Würzburg begraben liegt, hat den Wein in seinen Liedern und Sprüchen nur selten erwähnt. Guter Wein war ihm ein Maß für den Luxus, wenn er in einem Lied die üppige Hofhaltung des Landgrafen von Thüringen kritisiert und zur Charakterisierung dieses Lebensstils schreibt:

„und gält' ein Fuder guten Weines tausend Pfund, auch dann stünd' nimmer eines Ritters Becher leer!“ Oder wenn er am Papst und dem Lebenswandel so mancher Geistlicher der damaligen Zeit Anstoß nimmt: „Ihr Pfaffen, esset Hühner und trinkt Wein, und laßt die deutschen Laien magern und fasten!" Da scheint es nur folgerichtig, wenn er sich in einem weiteren Lied für den maßvollen Genuß des Weines einsetzt: „Ich trinke gerne, so man recht mit Maßen schenket und wo des Unmaß keiner je gedenket..." Aber zumindest indirekt ist den Gedichten des Herrn Walther zu entnehmen, daß er doch ganz gerne Wein getrunken hat; denn, eingekehrt bei den Mönchen am Tegernsee, beklagt er sich, daß er dort nur Wasser zu trinken bekam: „ich nam da wazzer: also nazzer muost ich von des münches tische scheiden."

Diese Stelle ist auch anders gedeutet worden. Ich habe mich für die einfachste Deutung entschieden. Sie zeigt auch, daß ein Gast zur Zeit Walthers erwarten konnte, zum Mahle Wein zu bekommen.

Natürlich gab es auch schon vor Goethe sehr schöne Trinklieder. Martin Opitz z. B., der 1625 vom Kaiser in Wien den Lorbeer des „poeta laureatus" erhielt, schreibt diese Schlußstrophe eines Liedes, die alte Spannung zwischen Rausch und Tod beschwörend:

> „Bitte meine gute Brüder,
> Auff die Music und ein Glass;
> Kein Ding schickt sich, dünck mich, bass,
> Als ein Trunck und gute Lieder.
> Lass' ich schon nicht viel zu erben,
> Ey, so hab ich edlen Wein;
> Wil mit andern lustig seyn,
> Wann ich gleich allein muß sterben."

Johann Christian Günther (1695 – 1723), der früh Verstorbene, trifft in seinem Studentenlied einen ähnlichen Ton. Die Schlußverse lauten:

> „Werft Blumen, bringt Cachou und Wein
> Und schenkt das Glas gestrichen ein
> Und führt mich halb berauscht zu Bette!
> Wer weiß, wer morgen lebt und trinkt?
> Was fehlt mir mehr? Wo bleibt Brunette?
> Geht, holt sie, weil der Tag schon sinkt!"

Matthias Claudius (1740–1815), der uns das freundliche Abendlied „Der Mond ist aufgegangen …" gesungen hat, das durch die Aufnahme in die Volksliedersammlung Herders so bekannt geworden ist, schlägt in seinem Rheinweinlied einen ganz anderen Ton an. Die erste und die beiden letzten Strophen sollen hier zitiert sein:

> „Bekränzt mit Laub den lieben vollen Becher,
> Und trinkt ihn fröhlich leer.
> In ganz Europia, Ihr Herren Zecher!
> Ist solch ein Wein nicht mehr.
>
> Am Rhein, am Rhein, da wachsen unsre Reben;
> Gesegnet sei der Rhein!
> Da wachsen sie am Ufer hin, und geben
> Uns diesen Labewein.
>
> So trinkt ihn denn, und laßt uns allewege
> Uns freun und fröhlich sein!
> Und wüßten wir, wo jemand traurig läge,
> Wir gäben ihm den Wein."

Da steht nichts von Rausch und Tod, da ist der edle Rheinwein wieder, wie bei Goethe, ein Labsal, zur Freude und zum Fröhlichsein ermunternd. Wie im Abendlied, in dem er an den kranken Nachbarn denkt und Gott für ihn um einen ruhigen Schlaf bittet, denkt er auch im Rheinweinlied an den, der traurig und einsam liegt, den der Wein erquicken könnte. So bringt ihm der Wein ein milderes Glück als dem unruhig genialischen Günther.

Der sinnreiche und sinnenfrohe Gotthold Ephraim Lessing (1729–1781), dem das Denken über das Dichten ging, hat des Weines in seinen Sinngedichten und Liedern sehr häufig gedacht. Eines daraus ist dem trunkenen Dichter gewidmet:

> „Ein trunk'ner Dichter leerte
> Sein Glas auf jeden Zug;
> Ihn warnte sein Gefährte:
> Hör' auf! du hast genug.

*Geheimrat Johann Wolfgang von Goethe hilft bei der Weinlese
auf Schloß Johannisberg im Rheingau.*

Bereit, vom Stuhl zu sinken,
Sprach der: Du bist nicht klug;
Zu viel kann man wohl trinken,
Doch nie trinkt man genug."

Bei Goethe nun wird des Weines nicht nur in Gedichten und Balladen reichlich gedacht, – in einem ganzen Buch des Westöstlichen Diwan, dem Schenkenbuch, spielt er eine wesentliche Rolle – er gibt ihm auch weiten Raum in seiner Prosa.
In Dichtung und Wahrheit schildert er die Weinlese. In einer der anmutigsten Weinerzählungen, dem Sankt-Rochus-Fest zu Bingen, erleben wir mit ihm die weinfrohe Geselligkeit.

Die Weinlese schildert er so wie vormals Ausonius die Freuden der Winzer an der Mosel und Hölderlin im Neckarlied die Herbstfreuden auf den ionischen Inseln:
„Nach mancherlei Früchten des Sommers und Herbstes war aber doch zuletzt die Weinlese das Lustigste und am meisten Erwünschte; ja, es ist keine Frage, daß, wie der Wein selbst den Orten und Gegenden, wo er wächst und getrunken wird, einen freiern Charakter gibt, so auch diese Tage der Weinlese, indem sie den Sommer schließen und zugleich den Winter eröffnen, eine unglaubliche Heiterkeit verbreiten. Lust und Jubel erstreckt sich über eine ganze Gegend. Des Tages hört man von allen Ecken und Enden Jauchzen und Schießen, und des Nachts verkünden bald da, bald dort Raketen und Leuchtkugeln, daß man noch überall wach und munter diese Feier gern so lange als möglich ausdehnen möchte. Die nachherigen Bemühungen beim Keltern und während der Gärung im Keller gaben uns auch zu Hause eine heitere Beschäftigung, und so kamen wir gewöhnlich in den Winter hinein, ohne es recht gewahr zu werden …"
Schön liest sich das wie in Anakreons Kelterlied, von der Härte der Winzerarbeit aber spürt man da nichts, wenn etwa einer in kühler, nebliger Morgenfrühe mit der schweren Traubenbütte auf dem Rücken durch den glitschigen Schlamm einer steilen, regennassen Weinbergszeile stapfen muß oder mit kalten, klammen Fingern die Trauben zu schneiden sich müht. Auch vom Jammer der Mißernte ist nichts zu verneh-

men, wenn als Lohn für eines ganzen Jahres harte Arbeit nur wenige und dazu noch regenfaule Trauben an den Stöcken hängen.

Im Sankt-Rochus-Fest zu Bingen geht Goethe

> „Zu des Rheins gestreckten Hügeln,
> Hochgesegneten Gebreiten,
> Auen, die den Fluß bespiegeln,
> Weingeschmückten Landesweiten
> Möget, mit Gedankenflügeln,
> Ihr den treuen Freund begleiten."

Er beschreibt seinen Weg durch den Rheingau sehr bildkräftig und das weinfrohe Fest auf dem Rochusberg ganz so, wie auch in Zukunft noch die Feste in den Weingegenden gefeiert werden.

Ein Weinrömer, Anfang 18. Jahrhundert. (Museum Brömserburg, Rüdesheim)

„Nun wurden wir aber sogleich gewahr, daß wir uns dem Lebensgenusse näherten. Gezelte, Buden, Bänke, Schirme aller Art standen hier aufgereiht. Ein willkommener Geruch gebratenen Fettes drang uns entgegen. Beschäftigt fanden wir eine junge tätige Wirtin, umgehend einen glühenden weiten Aschenhaufen, frische Würste – sie war eine Metzgerstochter – zu braten. Durch eigenes Handreichen und vieler flinker Diener unablässige Bemühung wußte sie einer solchen Masse von zuströmenden Gästen genugzutun.

Auch wir, mit fetter, dampfender Speise nebst frischem, trefflichem Brot reichlich versehen, bemühten uns, Platz an einem geschirmten, langen, schon besetzten Tische zu nehmen. Freundliche Leute rückten zusammen, und wir erfreuten uns angenehmer Nachbarschaft, ja liebenswürdiger Gesellschaft, die von dem Ufer der Nahe zu dem erneuten Fest gekommen war. Muntere Kinder tranken Wein wie die Alten. Braune Krüglein, mit weißem Namenszug des Heiligen, rundeten im Familienkreise. Auch wir hatten dergleichen angeschafft und setzten sie wohlgefüllt vor uns nieder."

Der Hauptgegenstand des Gespräches beim Fest war der Wein. Die Vorzüge der verschiedenen Weinorte wurden besprochen, und nicht ohne Ironie geht der Dichter auch auf die Frage des rechten Maßes beim Trinken ein.

Er zitiert die Fastenpredigt des dortigen Weihbischofs, in der dieser davor warnt, den Wein im Übermaß zu genießen und die Gefahren schildert, die beim Genuß von zwei oder drei oder vier Maß Wein drohen, dann aber mit dem Satz schließt:

„Denn der Fall ist äußerst selten, daß der grundgütige Gott jemanden die besondere Gnade verleiht, acht Maß trinken zu dürfen, wie er mich, seinen Knecht, gewürdigt hat."

Auch in seine dramatische Dichtung hat Goethe den Wein eingeführt und dabei das Thema der Dionysoshymne aufgegriffen.

In der Szene „Auerbachs Keller in Leipzig", im ersten Teil des Faust, übernimmt Mephistopheles die Rolle des Dionysos und verwirrt die ärgerlichen Studenten, indem er ihnen, nachdem sie Wein getrunken haben, ein Land voller Weinberge, Trauben und Weinlauben vorspiegelt.

> „Hier unter diesem grünen Laube,
> Seht, welch ein Stock!
> Seht, welche Traube",

sagt einer der Studenten.

Am Ende der Ausführungen zum Wein bei Goethe soll ein Gedicht aus Saki Nameh, dem Schenkenbuch, stehen:

> „Trunken müssen wir alle sein!
> Jugend ist Trunkenheit ohne Wein;
> trinkt sich das Alter wieder zur Jugend,
> so ist es wundervolle Tugend.
> Für Sorgen sorgt das liebe Leben
> und Sorgenbrecher sind die Reben."

Mögen die zukünftigen deutschen Dichter, dem Beispiel Goethes folgend, des Weines in ihren Werken gebührend gedenken und ihn nicht einfach nur trinken. Als Motto sei ihnen ein Spruch des Anakreon (um 575 – 490 v. Chr.), des griechischen Sängers der Liebe und des Weines, hier aufgeschrieben.

„Der ist mein Freund nicht,
der beim vollen Becher Weins
vom Unglück schwatzt mir und von Kriegen.
Der vielmehr ist es, der in frohem Herzen
gedenkt der Gaben Aphrodites und der Musen."

Und wer fleißig dichtet und den Wein besingt, dem widerfährt
vielleicht das Glück, so wie Justinus Kerner einer Rebsorte
seinen Namen geben zu dürfen.

Der Weinbau im
19. und 20. Jahrhundert

Mehrere Faktoren haben den Weinbau im 19. und 20. Jahrhundert beeinflußt: Natürlich die politischen Verhältnisse, aber auch die Invasion neuer Krankheiten und Schädlinge, Rebveredelungen und Neuzüchtungen, die technische Entwicklung, die die Ackergeräte, die Kellerwirtschaft und die Schädlingsbekämpfung erheblich veränderte, und nicht zuletzt auch die Entwicklung der Gesetzgebung und neue Methoden der Weinvermarktung. Auch nachdem der Zusammenbruch des Heiligen Römischen Reiches Deutscher Nation in den Kriegen des französischen Revolutionskaisers durch den „Reichs-Deputations Hauptschluß" 1803 besiegelt war, fanden die Deutschen, die in diesem Reiche jahrhundertelang in edler Zwietracht gelebt hatten, noch nicht zu einem einheitlichen Staatsgebilde. Das durch Freiheit, Gleichheit und Brüderlichkeit gestärkte Nationalbewußtsein der Franzosen war nicht als einheitsbildende Kraft über den Rhein gedrungen. In Deutschland behielten die Fürsten ihre Macht, und, eifersüchtig auf ihre Hoheitsrechte bedacht, zerrten sie die deutschen Länder noch weiter auseinander. Die Grenzen in Deutschland, durch die vielen Zollschranken auch für den Weinhandel ebenso lästig wie teuer, blieben bestehen.
Eine Erleichterung brachten erst die Zollvereine, handelspolitische Einheiten deutscher Bundesstaaten, deren zunächst

mehrere gegründet wurden (Zollverein: Preußen und Hessen-Darmstadt; Süddeutscher Zollverein: Bayern und Württemberg; Mitteldeutscher Handelsverein: Hannover, Braunschweig, Kurhessen, Nassau, Sachsen, die thüringischen Kleinstaaten, Hamburg und Bremen, alle etwa 1828). Sie bestanden nebeneinander, bis es ab 1833 zu größeren Zusammenschlüssen kam.

In den 50er Jahren des 19. Jahrhunderts etwa war der Deutsche Zollverein, die Zollunion aller deutschen Länder, endlich, aber unter Ausschluß von Österreich, vollendet. Zollast wurde abgebaut, was auch dem Weinhandel zugute kam. Eine echte staatliche Einheit war damit freilich noch nicht erreicht, und die Zollschranken um Hamburg fielen erst 1888, 17 Jahre nach der Gründung des deutschen Reiches.

Auch als 1848 im Gefolge einer erneuerten französischen Revolution eine demokratische Revolution in den deutschen Ländern versucht wurde, mit vielen wohlvorbereiteten und bedenkenswerten Reden, kam es noch nicht zu einer deutschen Einheit.

Erst durch die Politik Bismarcks wurde nach drei Kriegen 1871 ein zunächst von Preußen beherrschtes, einheitliches Staatswesen gebildet, das in zwei weiteren Kriegen (1914/18 und 1939/45) seine monarchische Struktur verlor, zur Demokratie wurde, zur Diktatur entartete und schließlich nach dem letzten Krieg wieder auseinandergerissen wurde, bis es dann in den letzten Jahren des 20. Jahrhunderts wieder zu dem einheitlichen demokratischen Staat wurde, der zwischen den beiden letzten Kriegen schon einmal für kurze Zeit bestanden hatte. Österreich hatte sich schon ganz zu Anfang von diesem deutschen Reich getrennt und nicht mehr das weinfrohe, goldene Wien war die Hauptstadt, sondern das wohlgeordnete Berlin in Preußen, zu dessen Ehre angemerkt sei, daß in einem seiner Theater in den 20er Jahren des 20. Jahrhunderts mit weithin hallendem Erfolg ein Stück aufgeführt wurde, geschrieben ganz aus dem Geiste des Weins, ein Denkmal des Lebens in der rheinhessischen Weinlandschaft, „Der fröhliche Weinberg" von Carl Zuckmayer.

In der Werkstatt eines Faßbinders, Stich Mitte 19. Jahrhundert. (Archiv Brömserburg, Rüdesheim)

Die vielen Kriege haben sich natürlich ungünstig auf den Weinbau ausgewirkt. Besonders im letzten großen Krieg waren es sowohl Bomben und Granaten und die durchziehenden fremden Soldaten, die dem Weinbau zu schaffen machten, als auch ein Mangel an Arbeitskräften, da die Winzer selbst Soldaten werden mußten. In diesem Krieg haben die Angriffe aus der Luft große Verheerungen angerichtet. Städte, Dörfer und Höfe wurden durch Bomben zerstört. Würzburg, die freundliche Weinmetropole am Main, war am Ende des Krieges nur noch ein Trümmerhaufen. Schloß Johannisberg und Rüdesheim, die bedeutenden Weinorte im Rheingau, wurden 1942 und in den letzten Kriegstagen in Ruinenwüsten verwandelt.

Die wenigen Winzer, die dem Weinbau geblieben waren, konnten die Weinberge nur mit Mühe pflegen. In den letzten Monaten des Krieges mußten sie auch noch befürchten, auf freiem Feld einem Angriff durch Tiefflieger zum Opfer zu fallen.

Trotzdem, die größte Not für die Winzer im 19. und 20. Jahrhundert brachten nicht die Kriege, Steuern, Zölle oder Handelsbeschränkungen, sondern neue Krankheiten des Weinstocks und neu auftauchende Schädlinge. Beide, Krankheiten und Schädlinge, kamen aus Amerika, und die Schädlinge wüteten ärger in den Rebenhängen als die Heuschrecken im 14. Jahrhundert, die wie eine ägyptische Plage, z.B. in den Jahren 1337–1340 und 1366, ganze Weinberge kahlgefressen hatten. Es war, als ob Amerika sich für den Unbill, den ihm die Europäer mit ihrer räuberischen „Entdeckung" seit Columbus angetan hatten, habe rächen wollen. So war zum Beispiel 1845 der Mehltau (Oidium), ein rebenschädigender Pilz aus Nordamerika, zuerst nach Frankreich gekommen und hatte seinen erstickenden Schleier schon 1850 über weite Teile der Weinanbaugebiete Frankreichs gelegt. 1878 war der falsche Mehltau (Peronospora) hinzugekommen und hatte sich bald über ganz Europa verbreitet.

Im Gefolge dieser Krankheiten kam dann auch die Reblaus. Sie fraß, was die Krankheiten übrig gelassen hatten. Etwa 1860 wurde die Reblaus mit einigen Blindreben, die zu Versuchszwecken benutzt werden sollten, aus den USA nach Europa

Die Reblaus, der lausigste aller Rebschädlinge. (v. Babo/Mach: Handbuch des Weinbaus und der Kellerwirtschaft. 1. Bd., ⁴1924)

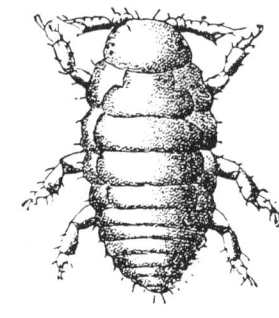

Letzte linksrheinische Vorbereitungen
der bei Kaub zusammengezogenen Rebschädlingstruppen
vor dem Rheinübergang im Jahre 1866.

eingeschleppt. Blindreben sind Stücke von Rebentrieben, die als Stecklinge zur Vermehrung verwendet werden. Innerhalb von zwei Jahrzehnten soll die Reblaus allein in Frankreich eine Million Hektar Rebbestand völlig zerstört haben.

Neben den aus Amerika eingeschleppten Krankheiten und Schädlingen, die den Weinbau in arge Bedrängnis brachten, hatte sich schon zu Anfang des 19. Jahrhunderts der Traubenwickler, erstmals im Jahre 1420 beschrieben, so vermehrt, daß er dem Weinbau große Verluste verursachte. Im 18. Jahrhundert galt noch der Rebstecher als das gefährlichste Ungeziefer im Weinberg. Im 19. Jahrhundert übernahm diese Rolle der Traubenwickler, auch Heu- und Sauerwurm genannt. Diesen etwas merkwürdigen Doppelnamen hat er erhalten, weil er in zweifacher Gestalt auftritt. Er verpuppt sich zweimal und kommt so zweimal im Jahr als gefräßige Raupe auf die Weinstöcke, zur Zeit der Heuernte, deshalb Heuwurm, und gegen den Herbst. Die im Herbst angestochenen Trauben werden sauer und ungenießbar, deshalb wird er auch Sauerwurm genannt. Lange Zeit wußte man nicht, daß die beiden Raupen Entwicklungsphasen desselben Insektes sind.

Der einbändige Trauben-wickler, auch Heu- und Sauerwurm genannt. (Claus: Der Schutz der Reben vor Schädlingen und Krank-heiten. 1985)

Der Weinbau, der durch die Kriege nur an manchen Stellen empfindlich getroffen wurde, wurde durch diesen vereinten Angriff der Krankheiten und Schädlinge nahezu vernichtet.

Noch 1910 schreibt ein Lehrer aus dem Rheingau in seiner Schulchronik, in diesem Jahr sei eine „totale Mißernte" gewesen, die nicht nur für den Rheingau, sondern für alle Weinbaugebiete eine „Katastrophe" darstelle. Es sei eine „förmliche Winzernot" eingetreten. Er führt diese Not auf die Krankheiten und die Schädlinge zurück und schätzt beispielsweise, daß im Jahre 1906 infolge der Schäden durch Sauerwurm und Peronospora nur 1/20 bis 1/30 des vollen Ertrags geerntet werden konnten. Viele Winzer gaben den Weinbau auf. An der hessischen Bergstraße z. B. verwilderte der Heppenheimer Schloßberg innerhalb weniger Jahre. Lange Zeit war er ein geschlossenes Rebgelände gewesen. In Thüringen wurde infolge der Krankheiten und Schädlinge die Rebkultur sogar für lange Jahre völlig zerstört.

Es dauerte viele Jahre, bis die Winzer Mittel und Wege fanden, diesen Übeln zu wehren oder vorzubeugen. Wie viele Entdeckungen, so soll auch die hilfreiche Wirkung des Kupfervitriols gegen die Peronospora einem Zufall zu verdanken sein. Es sollte eigentlich ganz andere Schädlinge von den Trauben fernhalten. Ein Winzer in der Nähe von Bordeaux hatte einen Weinberg, an dessen Rand ein Pilgerweg zu einem Wallfahrtsort vorbeiführte. Die Pilger nahmen in der staubigen Hitze der Herbsttage die saftigen Trauben als willkommene Labung und verursachten so einen ärgerlichen Schaden. Der Winzer bespritzte, um diesem Übel abzuhelfen, die Trauben in der Nähe des Weges mit einem Kupfer- und Kalkgemisch und hoffte, den frommen Traubendieben Leibschmerzen zu bereiten und ihnen so den Traubengenuß zu verleiden. Bei der Ernte zeigte sich, daß die mit Kupfer und Kalk behandelten Trauben gesund, die übrigen aber von Krankheiten befallen waren. Für die Entdeckung der Wirksamkeit der Kupferpräparate in der Nähe von Bordeaux spricht, daß diese in Deutschland noch lange „Bordelaiser Brühe" genannt wurden.

Eine rasante Maschine, der fahrbare Schwefelapparat. Zum Schutz gegen Pilzkrankheiten werden die Reben mit Schwefel besprüht.
(v. Babo/Mach: Handbuch des Weinbaus und der Kellerwirtschaft. 1. Bd., [4]1924)

Von der Entdeckung der Gegenmittel gegen Krankheiten und Schädlinge bis zur Erprobung und Feststellung der richtigen Zusammensetzung und zur sachgemäßen und schließlich technisch ausgefeilten Anwendung dieser Mittel war es dann noch einmal ein weiter Weg. Noch zu Anfang des 20. Jahrhunderts wird Klage darüber geführt, daß z. B. die Kupfervitriollösung, obwohl man wußte, daß sie Peronospora fernhalten konnte, immer erst angewendet wurde, wenn die Krankheit bereits sichtbar war. Dann aber war es meistens zu spät, und oft vernichtete die Krankheit die Ernte des ganzen Jahres. Der Winzer, der das Gegenmittel entdeckt haben soll, müßte seine Pilgertrauben also sehr früh gespritzt haben.
In manchen Gegenden wurde versucht, die Anwendung des Gegenmittels durch die Androhung von Strafen zu erzwingen. Trotzdem war es schwer, die Winzer davon zu überzeugen, daß es gut sei für die grünen Reben, wenn sie mit einer blauen Brühe bespritzt würden. Auch die technische Anwendung der Bekämpfungsmittel durchlief mehrere Stadien. Am

Anfang stand das arbeitsintensive Bespritzen der Reben mit einem in die Brühe getauchten Pinsel, der wie ein Weihwasserwedel benutzt wurde. Bald kamen Handpumpen, schließlich Motorpumpen und Schlauchleitungen, die schon vor dem zweiten Weltkrieg benutzt wurden. Heute werden Raupenfahrzeuge mit aufgesetzter Spritzvorrichtung und Hubschrauber eingesetzt.

Den Heu- und Sauerwurm (Traubenwickler) konnte man ebenfalls um 1900 noch nicht richtig bekämpfen. Man versuchte, die Puppen dieses Schädlings, die an den unteren Stämmchen des Weinstocks überwintern, durch eine Reinigung dieser Stellen mit einer Stahlbürste zu vernichten. Schulkinder wurden in die Weinberge geschickt, um die Puppen zu suchen und einzusammeln. Schließlich versuchte man, die Motten des Heu- und Sauerwurms mit Fliegenpatschen (Klebefächern) zu erschlagen. In den Jahren 1891 und 1892 sollen in der Zeit vom 16.–31. Mai im Rheingau von ca. 400 Fängern 3,5 Mill. Motten des Heuwurms gefangen worden sein. Zwischen dem 13. und 27. Juli sollen 2,25 Mill. Motten des Sauerwurms gefangen worden sein, diesmal von 857 Fängern. Wer die Gefangenen gezählt, und wie er das gemacht hat, wird nicht berichtet. Interessant ist ein weiterer Bekämpfungsversuch. Schlupfwespen, die sich in Puppen eingenistet hatten, wurden herausgezogen und im Weinberg wieder ausgesetzt, ein früher, reichlich mühsamer Versuch der biologischen Schädlingsbekämpfung (Claus, 1985).

„1.000.386 …
… 1.000.387 …
… 1.000.386 …?
… Merde!
1 … 2 … 3 …"

Alle diese Versuche hatten wenig Erfolg und wurden bald wieder aufgegeben. Erst mit Hilfe chemischer Mittel gelang es, diesen Schädling wirksam zu bekämpfen.

Ein dauerhafter Erfolg im Kampf gegen die Reblaus war erst erreicht, als man erkannt hatte, daß nur die Rebwurzeln der europäischen Reben reblausanfällig sind und deshalb amerikanische, reblausresistente Rebwurzeln nach Europa brachte, auf die dann die europäischen Rebstöcke gepfropft werden konnten. Die so hergestellten Pfropfreben sind gegen die Reblaus unempfindlich.

In Deutschland wurde dieser Erfolg durch unzweckmäßige gesetzliche Bestimmungen um viele Jahre verzögert.

Zuerst hatte man versucht, die Einwanderung der Reblaus nach Deutschland durch ein Verbot der Einfuhr von Reben zu verhindern (Reichsgesetz, 1873). Ein „Reblausbekämpfungsdienst" wurde eingerichtet. Alle Weinberge, die von der Reblaus befallen waren, wurden ausgehauen. Der Boden wurde mit Schwefelkohlenstoff behandelt. Die Kosten der Bekämpfung trug der Staat. Man dachte jedoch nicht an die Einführung von Pfropfreben, die sich in Frankreich schon bewährt hatten. Pfropfreben wurden vielmehr durch ein Gesetz 1904 praktisch verboten. Erst ab 1924 (Baden) wurde in den einzelnen deutschen Ländern dieses Verbot aufgehoben. 1925 wurden auf Veranlassung von Graf Matuschka-Greiffenclau in Oberheimbach am Mittelrhein, damals zu Preußen gehörig, die ersten 20 000 Pfropfreben angepflanzt. 1933 wurde der Pfropfrebenanbau in stark verseuchten Gemarkungen zur Pflicht gemacht. So bietet die Bekämpfung der Reblaus in Deutschland ein gutes Beispiel dafür, wie der Weinbau durch den Gesetzgeber auch einmal ungünstig beeinflußt werden kann.

Über den Krankheiten und den krabbelnden und flatternden Schädlingen darf man die fliegenden, die vierbeinigen und auch die zweibeinigen „Schädlinge" nicht vergessen. „Der Dachs liebt die Trauben ungemein … und auch die Füchse sind große Verehrer dieser Frucht … Die Stare tun wegen der Massenhaftigkeit ihres Auftretens großen Schaden …" schreibt Lade 1873. Wie große, dunkle, schnellfliegende Wolken ziehen die Schwärme der Stare über die Weinberge und fallen gefräßig über die Trauben her. Der Winzer bekämpft diese Traubenräuber, indem er sie entweder zu verscheuchen sucht mit feststehenden Knallscheuchen, an die sich die Übeltäter aber oft schnell gewöhnen, oder mit Hilfe von Traubenschützen, die durch die Weinberge streifen und mit Pistolen und Raketen auf die einfallenden Schwärme losgehen. Dabei sind sie nicht darauf aus, die Vögel einzeln zu erschießen, sie versuchen lediglich, den scheuchenden Lärm und Knall möglichst nahe an sie heranzubringen. Oder der Winzer bemüht sich, die Trauben durch Schutznetze dem Zugriff der Schädlinge zu entziehen. Abgesehen von der Entwicklung der Kunststoffnetze und der Verfeinerung der Knallapparate hat die Technik auf diesem Gebiet keine besonderen Veränderungen gebracht. Ganz anders war es in der Kellerwirtschaft. Dort brachte der Bau neuer Keltern und Filter eine erhebliche Erleichterung und Verbesserung der Arbeit. In ähnlicher Weise veränderte sie die Weinbergsarbeit, wo Traktoren und Raupenschlepper die Muskelkraft ersetzten. Wie groß die Veränderung der Weinbergsarbeit durch die technische Entwicklung ist, läßt sich am Beispiel des Rodpfluges zeigen. Ein alter Rheingauer Winzer schreibt in seinen Erinnerungen: Soviel wie drei Männer während eines ganzen Winters mit Hacke und Schaufel roden konnten, kann ein Rodpflug in nur einem Tag erledigen. Als Beispiel für die Arbeiten im Keller mag das Füllen der Weinflaschen dienen. Derselbe Winzer erinnert sich, um 1900 habe man in seinem Weingut den Vormittag eines Abfülltages damit zugebracht, etwa 850 Flaschen zu reinigen, und am Nachmittag habe man etwa dieselbe Menge Flaschen am Faß gefüllt, obwohl man damals schon einen Zwillingskran gehabt habe. Mit den technischen Hilfsmitteln des 20. Jahrhunderts, den Filtern und Abfüllanlagen, könne man etwa 8 000 Flaschen an einem Tag füllen (Gerhard).

Die Winzer sträubten sich zwar gegen die Einführung so mancher technischer Neuerung ebenso wie gegen die Schädlingsbekämpfungsmittel, sie glaubten, der Pflug im Weinberg verdürbe den Boden, wenigstens einmal im Jahr müsse gegraben werden, und die Weinpumpe im Keller raube dem Wein die Ruhe, die er zu seiner Reifung brauche. Aber nach einigen Schwierigkeiten erkannten sie doch die Vorteile der technischen Entwicklung und bedienten sich ihrer schon allein, um konkurrenzfähig bleiben zu können.

Von großer Bedeutung für den Weinbau ist natürlich auch der Weinverkauf. Der Beruf des Winzers vereinigt in sich mehrere Berufe: Der Winzer muß den Weinstock pflegen, um die Trauben ernten zu können, die Trauben keltern und den Wein im Keller ausbauen, und schließlich muß er den

Die Babylonische Weinverwirrung.

Wein auch verkaufen. Der Verkauf gestaltete sich lange Zeit für die Winzer unerfreulich, da vielen Winzern nur wenige Weinhändler gegenüberstanden. Diese waren die wirtschaftlich stärkeren und konnten ihre starke Position beim Handel ausnutzen. Um dieses Mißverhältnis zu ändern, gründeten die Winzer im 19. Jahrhundert Genossenschaften. In Württemberg wurde die erste dieser Genossenschaften in der Gemeinde Asperg im Jahre 1854 gegründet (Baumann, 1974). Mit einer Konzentration auf weniger Winzer mit dann größeren Anbauflächen ergab sich in der zweiten Hälfte des 20. Jahrhunderts wieder eine Abkehr vom Genossenschaftswesen.

Aber die Geschichte des Weins ist natürlich nicht nur die Geschichte der Kriege, Steuern, Schädlingsbekämpfung, Handelsquerelen und der Entwicklung der Weinbautechnik. Sie ist vor allem die Geschichte klarer Wintertage, ausgiebiger Frühlingsregen, staubiger Sommerhitze und wahrhaft goldener Herbstzeiten, die Weine hervorbringen, die mit keinem anderen Getränk in dieser Welt verglichen werden können. Die Vielfalt des Geschmacks der Weine ergibt sich nicht nur aus den Unterschieden der Traubensorten und der Böden, auf denen sie gewachsen sind, sondern auch aus den Besonderheiten im Ablauf des Jahres, in dem sie gewachsen sind, und der Erfahrung des Winzers, der den Zeitpunkt der Lese bestimmt hat und dabei vielleicht das Risiko eingegangen ist, in einem plötzlich einsetzenden kalten Herbstregen seine Hoffnung auf einen guten Jahrgang enttäuscht zu sehen. Jeder Wein ist so von der Geschichte seines Jahres geprägt, von der Geschichte des Weinberges, aus dem er kommt, und der Geschichte des Winzers, der ihn gepflegt, geerntet und zur Reife gebracht hat. In diesem Sinne ist der Wein wirklich ein „historisches" Getränk.
Solche Gedanken verbinden sich leicht mit dem Qualitätsweinbau, bei dem in klimatisch günstigen Lagen vor allem Wert auf die Rebsorte, den Standort der Rebe, den Zeitpunkt und die Art der Lese, sowie die Jahrgangstreue gelegt wird. Man konnte sie schwerlich hegen, solange noch frühe und späte Trauben der unterschiedlichsten Sorten zusammen gekeltert wurden und solange noch die Fässer nicht völlig

geleert, sondern immer wieder aufgefüllt wurden, so daß der Wein mit der Zeit ganz seinen ursprünglichen Charakter verlor.

Der Qualitätsweinbau, dessen Entwicklung im 18. Jahrhundert begann und vor allem im 19. Jahrhundert nach der Entdeckung der Spätlese vorangetrieben wurde, gab dem Wein eine Vielfalt des Charakters, die ihn von allen anderen Getränken unterscheidet und ihm so eine neue Wettbewerbsmöglichkeit erschließt. Besondere Weinbergslagen, besondere Rebsorten und besondere Jahrgänge wurden berühmt, so beispielsweise der Jahrgang 1811, von dem Goethe schwärmte, den er den „Eilfer" genannt hat; oder der Kometenjahrgang 1911, so benannt nach dem Halleyschen Kometen, der sich, in diesem Jahre bedrohlich der Erde nähernd, den Menschen als wundersames Ereignis einprägte. Der wenige Wein, der im Kriegsjahr 1945 geerntet werden konnte, wurde von den Weinkennern als Schatz gehütet.

Zur Gewährleistung der täglichen Ration während der Arbeit im Weinberg: Ein Weinbergsfäßchen mit der aufgemalten Jahreszahl 1849. (Museum Brömserburg, Rüdesheim)

Dies alles führte zu einer neuen Kunst des Weingenusses; denn die Vielfalt des Geschmacks der Weine bietet für jede Gelegenheit einen passenden Wein, und die Kunst des Weintrinkens besteht darin, jeweils für Speise und Gelegenheit den richtigen, am besten passenden Wein zu wählen. Bei der Auswahl des Weines zur Speise darf man sich vom Sommelier helfen lassen, dem Weinkellner, der die Beziehung zwischen Wein und Speise studiert hat. Man kann aber auch selbst experimentieren. Statt sich dabei aber eng an so schlichte Regeln zu halten wie: „helles Fleisch – weißer Wein; dunkles Fleisch – roter Wein" oder „zum Käse nur roten Wein", sollte man sich lieber an Grundsätze halten, die die schöpferische Phantasie anregen. Der Wein soll immer auf den charakteristischen Geschmack einer Speise abgestimmt sein. Er soll ihm ähnlich sein oder ihn zu einer neuen Harmonie führen. Dabei ist vor allem darauf zu achten, daß sich Süße und Säure des Weins die Waage halten.

… und nun viel Freude beim Experimentieren!